沒關係！
空間小也
沒錢沒閒

一個人也能好好過的

簡單生活提案

shoko

Instagram nekokoko___

SHARP

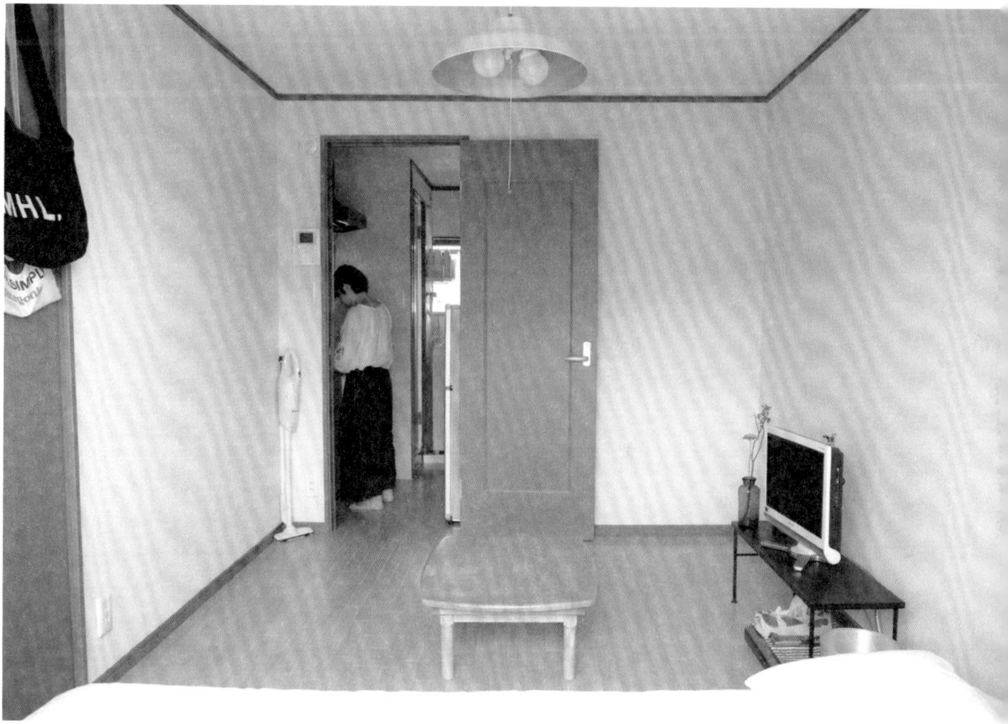
MHL.

前言

以成為極簡主義者為目標，我開始在 Instagram 上貼文已經過了數年。到今年正好被讚賞為「令人憧憬的極簡主義者」，不過之前的生活方式可說是和「極致」差距甚遠。

房間角落的雜誌和紙類堆積如山；想著哪天總會穿到，卻已經好幾年都沒穿過半次的洋裝；想著哪天總會用到，而一直放著的大量旅館備品和保養品試用包……。

以前的我是「極多主義者」，對什麼東西都無法割捨。因為東西實在太多，連要從哪裡開始著手都不知道，房間也只是偶爾才打掃。陽臺跟玄關更是連一次都沒掃過。

出社會後的兩年，我和朋友分租房子，也一併分攤家事。雖然我已經盡可能去做了，但跟學生時代相比，生活還是忙到沒有多餘的時間。

讓我想成為極簡主義者的契機，就是搬到現在約三坪大附廚房[1]的住處，以及本多さおり[2]小姐的部落格。

看到本多さおり小姐在清爽家中的精緻生活，讓我也想要擁有簡約又有餘裕的生活，好好享受一個人的舒適自在！這麼想之後，我便開始將生活日常發布到 Instagram 上，當作斷捨離的紀錄。

導正自己的生活後，對物品取捨的選擇及使用時間的方式也在不知不覺中改變了。

朋友曾對我說過：「我也想過著像ｓｈｏｋｏ一樣的生活，但還是學不來呢！」不過，我其實也沒做什麼特別的事。

我想，正因為我已經離開老家十年，歷經了各種事情、也歷經了各種失敗，才能找到屬於自己的生活風格。

從衣櫃、打掃方法、講究的調味料到緊急防災箱，本書中將公開我未曾在 Instagram 上發布過的生活細節。

雖然只是很普通的ＯＬ生活，但如果能稍微做為參考，讓各位的生活變得更好，我也會感到很開心的。

ｓｈｏｋｏ

1日文為1K6疊（1廚房6張榻榻米大），1坪約為2張塌塌米。

2本多さおり（ＨＯＮＤＡ ＳＡＯＲＩ），日本人氣收納諮詢顧問。

contents

第2章 簡單又美味的一日三餐

第3章 各個角落都善盡其用的廚房

第4章 再狹窄也能看起來很清爽的物品收納方法

第5章 我的穿搭與美容嚴選小物

第6章 「每天一點點」常保整潔的打掃

第7章 讓日常生活中處處有驚喜

結語

我家的格局

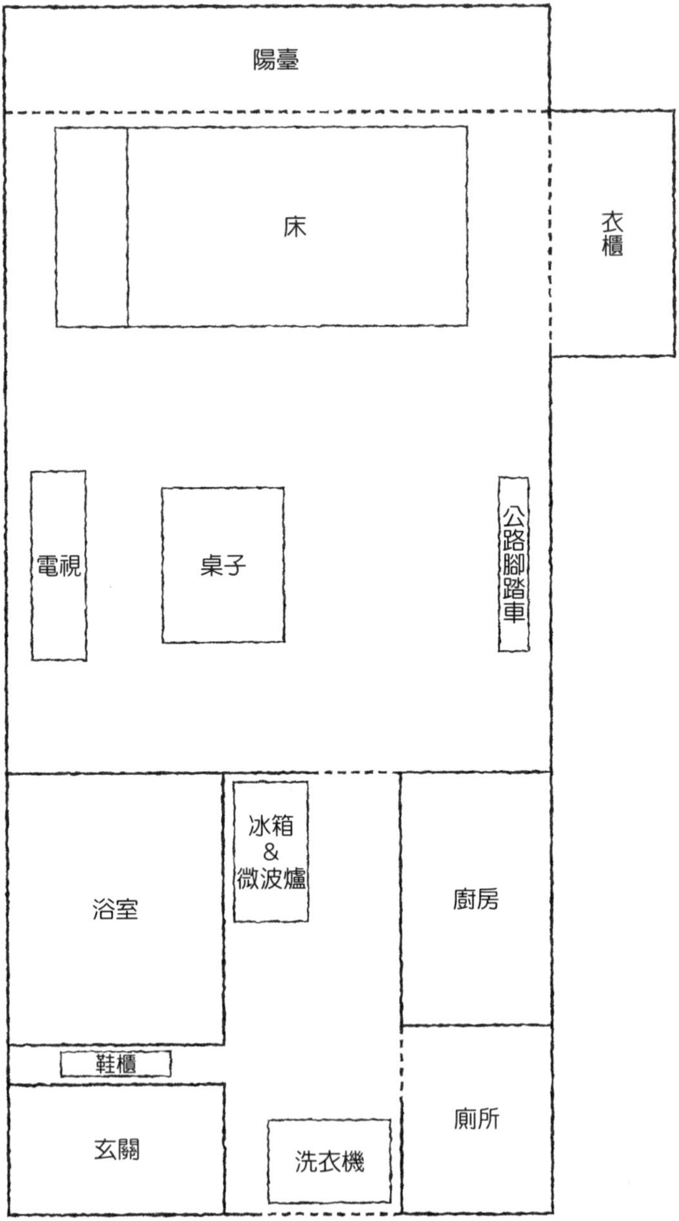

第 1 章

試著享受
精緻的
一個人生活

Room layout

家具少的話也方便打掃，收納空間有限，所以也不會多買東西，能夠讓空間維持清爽。

讓家具維持在最少，並能一眼看見床

「三坪大附廚房」絕對不是很寬廣的格局，但大家往往會因為「清爽到看起來不像只有三坪！」而大吃一驚。這是因為讓家具維持在最少，又幾乎看得見整張床的緣故。

只有床、桌子和電視櫃（還有公路腳踏車），沒有放其他的櫃子。小東西則全部收到衣櫃裡。

另外，為了讓狹窄的房間看起來更寬廣，還請盡量選擇低於自己視角的家具。

剛搬來的時候原本還想多放書櫃跟收納櫃，但因為忙著找工作、既沒時間也沒錢的關係，就只靠符合最低需求的物品來生活，這才發現：自己其實可以一直維持這樣的生活。

瑜珈墊坐得下三個人。不但有緩衝作用，也不會讓腳痛。我在伸展或健身時也會使用。平常則會摺起來收到床底下。

就算沒有沙發也可以放鬆

我家裡並沒有沙發或是給客人用的靠枕（坐墊）。

偶爾有客人來訪時，我就把可以摺起來的瑜珈墊鋪平，用來代替地毯。

我以前家裡是有沙發的，但往往會想小憩一下卻不小心睡著、一坐下來就越來越懶得動，或是變成暫時堆放待洗衣物的地方，總之就是會懶懶散散。

現在如果想放鬆，我就會將瑜珈墊鋪平隨意躺下、背靠著床坐下，或是坐在床的邊緣看書。

如果可以好好思考能用什麼現有物品／某種物品取代，也就不會再買東買西的了。

Room layout

床單選用白色與灰色，就不會有阻礙空間的感覺。要出門時迅速把床鋪整理好，回家的時候就可以放鬆了。把被子鋪正，只要整理好四個角，就不會皺巴巴了。

絕佳位置！將床鋪放在窗邊

我將床鋪放在房間中最通風、採光最好的窗邊。

雖然我會努力早起，卻總是很難爬起來。

剛爬起來、還睡眼惺忪時就將窗簾跟窗戶打開，沐浴在早晨的陽光和微風之中，就能夠心情舒爽地順利起床了。

雖然將床放在窗邊會擋到陽臺的動線，但能夠留出讓人不會感到有壓力的空間，側面的衣櫥也能夠正常開關。

因為選擇質料厚實的窗簾，現在即使到了冬天，再也不會因為覺得冷而睡不著了。另外，聽說睡著時流的汗會讓床底下濕氣很重，但如果放在通風良好的窗邊，就能解決這個問題。

在牆上掛上乾燥花壁飾

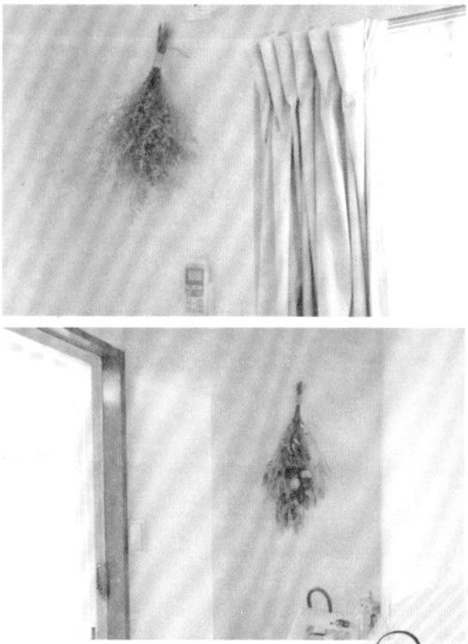

窗邊和玄關。電視櫃上的放在花瓶裡。乾燥花有一種成熟的色調，不管裝飾在哪裡都可以。

Decorate cute

我喜歡每兩三個月就根據季節，到名古屋鶴舞公園附近的乾燥花專賣店「aruhi」挑選合適的花材，也當作對自己的小小犒賞。

之前我曾接觸插花、空氣盆栽等各式各樣的植物，但總是沒有辦法好好照顧，一下子就枯掉了。乾燥花不用擔心忘了澆水或需要洗花瓶。可以當作壁飾掛在牆上，或是裝飾在花瓶裡等，展示方式有很多變化。

雖然不需要特別保養，但如果放在太陽直射處可能會褪色，所以要注意裝飾的位置。

常常去買花卻又沒辦法好好照顧，但還是想要在房間中妝點花朵或綠意的人，大力推薦你試試看。

Table

除了主菜之外，再擺上小鉢或小碟，普通的料理也會變得豪華起來。因為只有一人份，要洗的東西其實也不會很多。

一個人吃飯也要好好擺盤

去時尚的咖啡廳或餐廳時，料理一定是擺在可愛的餐具上，送過來時讓人既期待又食指大動吧？

自己一個人在家用餐時，我也想要能像這樣期待美食！這樣的想法，成了我越來越講究餐具的契機。

如果只用一個大盤子，要洗的東西就會變少。不過，如果改分成許多小盤，思考用哪種形狀和顏色的餐具來盛裝比較好，也是一種享受料理的方式。

做陶藝是我現在的興趣之一。自己製作自己喜歡的餐具，或是為了找餐具而跑到大阪或東京去。因為用喜歡的餐具，食物也感覺更美味了。

為自己泡一杯咖啡的時間

手搖式磨豆機是經典型，從上方放入咖啡豆研磨，下方的小抽屜中就會有咖啡粉。熱水壺也選擇咖啡專用、易於注水的類型。

Comfortable

WECK 的瓶子不容易被飲料染色，很好保養，所以我很喜歡。

今年的生日，熟識的朋友送我一直很想要的Kalita手搖式磨豆機。我準備好手沖咖啡器具，開始享受憧憬已久的咖啡生活。

當初因為很煩惱收納空間，所有器具都只買一到兩人份的小尺寸，所以並不佔空間。我把它們放在我的冰箱上。

冰咖啡可以保存一到兩天，所以我會一次泡個三杯份，放進WECK的玻璃容器中保存。

在做完家事後或早上出門前，為自己仔細磨好豆子，再沖一杯咖啡，是生活中的小奢侈。

另外，去旅行的時候，也可以享受買咖啡豆給自己當伴手禮的樂趣。

推薦給不喜歡鮮奶油的人。在鬆餅上放上去水優格，再淋上蜂蜜，
就成了現在流行的舒芙蕾鬆餅。

最近迷上了去水優格

只需用篩子去除水分
優格中的水分稱為「乳清」，很有營養，可以直接飲用或是用來敷臉。

我時常在 Instagram 上分享去水優格。這是一種去除水分，讓滋味更濃郁的優格。只要用一組篩子加上碗，放入用料理紙包裹起來的優格，蓋上保鮮膜後在冰箱靜置一晚即可。

雖然非常簡單，卻能做出味道有如馬斯卡彭起司般濃郁的優格。

儘管直接吃也很美味，但我更喜歡用它代替鮮奶油放在鬆餅上；或是用來取代水果三明治中的奶油或起司蛋糕中的奶油乳酪。

（上）填滿鮮奶油的水果三明治
（下）有著清爽滋味的起司蛋糕

（上）蘋果果醬。用砂糖熬煮，最後加入檸檬汁的話，就能做出甜蜜又清爽的味道。
（下）蘋果派。使用市售的冷凍派皮，包入蘋果醬再烤過即可完成。

此外，我有時候也會看心情使用當季水果自製果醬，可以隨自己喜好調整甜度或水果的顆粒感。也可以用在三明治或蘋果派的餡料中。

即便沒有做得多精緻，但這會讓我想起小時候母親常親手為我做點心的時光，為自己好好做點心也就成了療癒自己的時間。最重要的是親手做，才會感到加倍美味。

在下午茶時間，我總是會讀著書、看著Instagram，愜意地度過這段時光。

Early rising

我常在 Instagram 上傳 tag 了「# 好胃口早餐」(#morimorimorning)的照片，早餐也總是吃得很豐盛。這是一天的活力來源。

早晨時間是活力的來源

早上早點起床，預留洗衣打掃和吃早餐、喝咖啡的時間。我出門前習慣先用吸塵器迅速吸一下地板，把房間整理好之後才外出。

以前總是時間快到才起床，只來得及化完妝，早餐就只喝優酪乳解決。頭腦還沒清醒就直接去上班了。因為總是沒有多餘時間，也時常會忘東忘西。

自從開始實行「早起運動」後，因為一起床就馬上去做家事，也能夠自然淨空腸胃。

只要稍微早點起床，時間或心靈都能夠多出餘裕，也就能有意義地度過每一天。

取自 Instagram 的 # 好胃口早餐

玄關是我最想保持乾淨的地方

我把鞋櫃換成沒有門板的類型。看起來簡約又清爽。也可以一眼看出「自己到底有什麼鞋子」，非常方便。

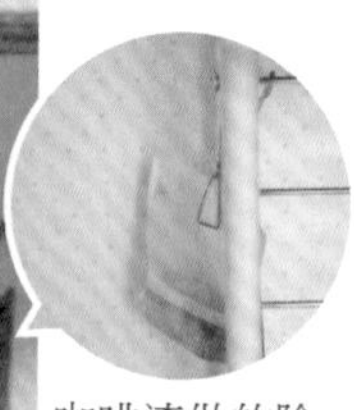

咖啡渣做的除臭劑。用不鏽鋼絲夾掛起來。

鞋櫃上的小物，手錶也放在這。

Decorate cute

為了打造簡約的房間，我通常不會在房間裡放角色小物等有強烈色彩的東西。不過，我會在玄關擺上我嚴選的小裝飾品。累了一天回家後，一打開門就看見玄關的可愛小物，能讓自己放鬆下來。

我把鞋櫃放在一開門的地方，因為沒有隔板，所以會在意鞋子的氣味。我用咖啡渣來代替除臭劑，當作消除氣味的方法，只要將用過的咖啡渣乾燥後裝入茶包中，再掛在鞋櫃背面看不到的地方即可。

這是我以前參加工作坊時學到的方法，咖啡渣似乎有除臭的效果。回家後也能馬上聞到咖啡豆溫潤的香氣，讓我很喜歡。

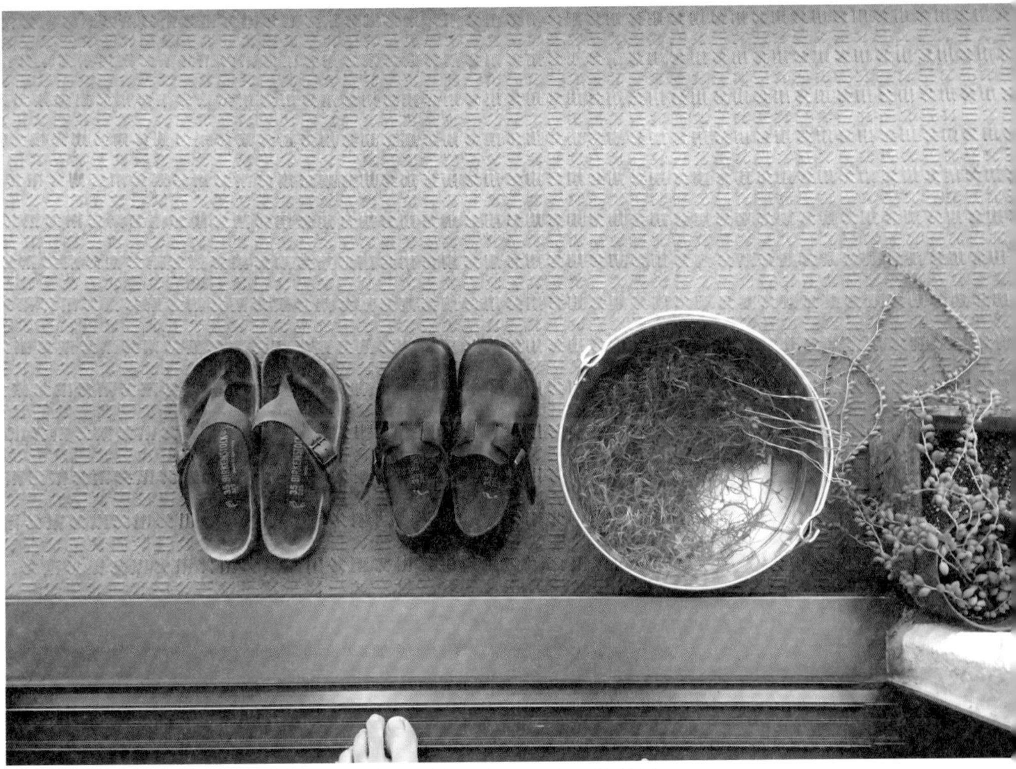

放在桶子裡的是一種名為松蘿的空氣盆栽。只要每個月將其浸在水裡六小時一次，就不需要天天澆水。

讓人一天想出去好幾次的陽臺

剛搬來的時候，陽臺是打掃得乾乾淨淨的狀態。既沒有落葉也沒有垃圾，連排水溝的水垢也沒有。

為了讓空氣循環，我將陽臺門打開，出去曬衣服的時候發現：這實在是太令人舒爽了。

想維持這種令人想出去曬衣服的環境，成為我打掃陽臺的動機。

微風徐徐的傍晚坐在床邊，打開陽臺門把腳伸出去，再一邊喝著咖啡。走到陽臺上眺望天空，思考事情……。現在，陽臺不再只是用來曬衣服的地方，而是成了十分重要的生活場域。

看得到的東西都統一成「白色」

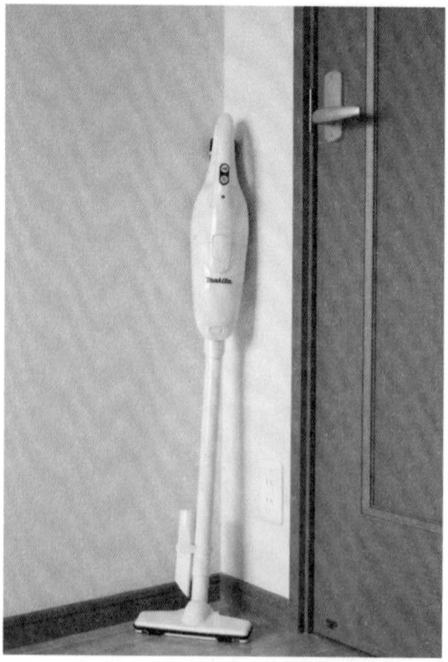

makita 的無線式手持吸塵器
充電器收進衣櫃裡。

盥洗用品組
洗髮精之類的瓶瓶罐罐，改成用簡約的瓶子裝。

流理臺
廚房也統一成白色。

廁所
不使用地墊，維持清潔感。

Simple

以前我沒有固定的品味，亞洲風、復古風、咖啡廳風等喜歡的東西都買一些，完全沒有方向，房間裡也就雜七雜八的。

打算搬家之後，我也決定用「白色」做為主題色調，打造簡約的房間。

家電（吸塵器、電視、電風扇）和生活用品、浴室和廁所。環顧我現在的房間一圈的話，會發現所有東西都統一成白色了。

白色不會凸顯出存在感，也不會阻礙空間感。能夠融入白色的牆壁之中，毫無違和感地與房間融為一體。

即使家具家電的數量相同，換成白色就能看起來清爽又乾淨。但因為髒汙會比較明顯，所以也會有動力時常打掃。

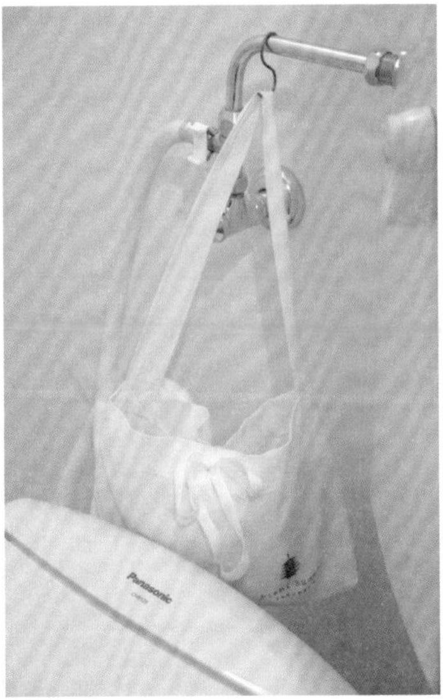
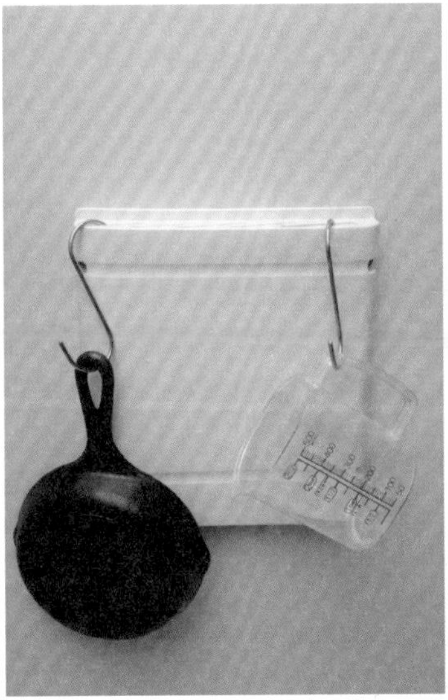
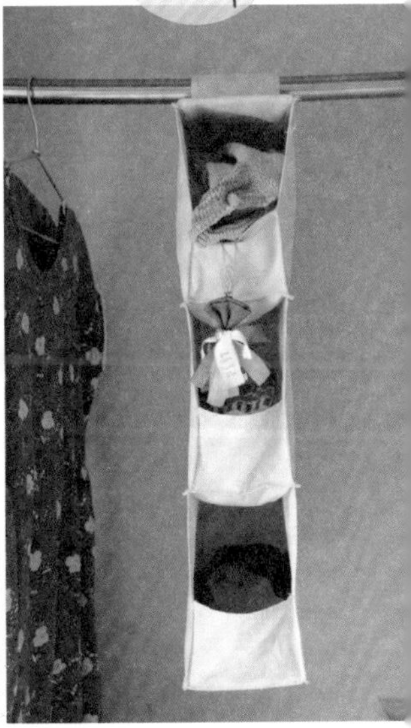

（由右至左）
無印良品的布製小物吊掛收納架。可以直著收納，非常節省空間。
在流理臺下方放菜刀的地方，利用 S 型掛勾收納小平底鍋與量杯。
廁所裡面沒有置物架。將清潔用品等以吊掛方式收納於隨手可得的地方。

隨處使用「吊掛式收納」

一個人居住的房間會有很多煩惱，「收納空間很少」就是其中之一。我也幾乎沒有衣櫃和流理臺以外的收納空間，所以盡可能減少物品，但還是有其限度。

這時候派得上用場的，就是使用S型掛勾跟夾子的「吊掛式收納」。可以大大活用於流理臺、衣櫃、廁所、玄關等各式各樣的場所。

想吊掛起來的東西很多時，就按照「使用頻率」來排列優先順序。例如流理臺部分，湯勺和鍋鏟、料理夾就可以用吊掛式收納。使用頻率高的話，就會常常清洗，也就無須在意油汙。做料理時還可以省去多餘的動作（打開流理臺下方的櫃子找東西等）。

第 2 章

簡單又美味的一日三餐

Self catering

雖然我從以前開始就不是個手巧的人，但只要保持用起來順手的良好收納與動線，將環境整理好，就能十分有效率地做出料理。

為了節省而在家開伙，到現在仍樂在其中

早上起床後，為了喝咖啡而將水倒入水壺中、設定好爐子，是我準備早餐的開始。

下班回家後，洗好便當盒就開始準備晚餐；吃完晚餐後洗好東西，再準備隔天早上的便當，或煮開水等等。

就算當天沒特別打算做什麼事，我還是一定會有待在廚房裡的時間。

雖然當初是為了節省才在家開伙，但不管是挑戰新的調味、重現母親或祖母教我的家鄉味，或是嘗試朋友教我的食譜，都是能讓人有許多新發現的快樂時光。

邀請朋友來家裡吃飯或是來個火鍋聚會，也是我日常生活的樂趣之一。

One week menu

常備菜可以放入便當中，或是改天再吃，做好之後須放置一段時間更入味，所以調味重一點是訣竅所在。

用常備菜解決平日三餐

早上起床準備早餐跟午餐便當，下班回家之後又要準備晚餐，其實是很辛苦的事。

不妨先準備好一兩道常備菜，此時就只需要再做一道主菜，能大幅縮短下廚時間。

為了防止每天吃一樣的配菜會吃膩，我每次只會做兩到三天就能吃完的份量。將一種食材分成少量做成兩三道菜，這樣就會剛剛好。

我常做的常備菜有：溏心蛋、金平[1]牛蒡、魩仔魚黃豆佃煮[2]等。

如果能先做好常備菜，也就能在平日留出給自己的時間。假日則常外出用餐。

1 金平：日本小菜的一種，將切成細絲的根莖類蔬菜炒過後以砂糖、醬油等調味。

2 佃煮：將魚貝類、海藻類以醬油、味醂、砂糖等煮成的小菜。

棒棒雞

將浸過酒的雞胸肉放入可微波容器中，微波一到兩分鐘；趁微波時將小黃瓜切成細絲。以胡麻醬將所有材料拌在一起即完成。適合在夏天沒有食慾時吃，放在沙拉烏龍麵上也很美味。

紅蘿蔔絲炒蛋

將紅蘿蔔用刨絲器刨成細絲，和蛋一起炒，並以味噌調味。使用刨絲器不但省時，將紅蘿蔔刨成細絲也能迅速炒熟。可以用來代替三色丼上的炒蛋。

每天吃也不會膩的常備菜食譜

常備菜通常花很短的時間就能迅速完成，一般也只需要用沾麵醬汁（めんつゆ）、醬料等單一種調味料來調味。不僅調味超簡單，還能確保每次做出來都是一樣的味道。

雖然我現在是憑感覺在做，但剛開始一個人生活的時候，我心裡連個底都沒有，還特地買了食譜來看。

我想大部分的料理，都是到後來才越做越熟練的。

每個禮拜準備常備菜已經是我的固定行程，也有了偏好的菜色。只要使用當季食材，就能為菜色增添變化。

3 用砂糖和醬油調味煮成的料理。

牛肉牛蒡甘辛煮[3]

用容易剩下的牛蒡做成的常備菜。也推薦放在飯上，打上一顆雞蛋做成「壽喜燒風味丼」食用。

溏心蛋

將水煮蛋用沾麵醬汁浸泡一晚就能完成的超簡單食譜。覺得做玉子燒太麻煩時，馬上就能用這個當成便當配菜。

金平牛蒡

可以說是萬用小菜。將牛蒡和紅蘿蔔稍微切得有點厚度，就能享受口感。

魩仔魚黃豆佃煮

當成小菜單吃也很美味，或是可以加在剛煮好的飯裡拌一拌，魩仔魚黃豆拌飯就完成了。

A process

一次採購的量。用這些能做出五至六道菜。可以輪著吃，所以平日不需要花太多時間下廚，也很少不小心把食材放到壞掉而只好扔掉。

在週末一次買完，再一口氣煮好

基本上我會在週末較空閒的其中一天，到早市一次採購好食材，再做好兩到三天份的常備菜。

菜色到超市看了食材之後才會決定，所以每次都會微調。因為都是簡單的菜色，大約花一小時到一個半小時就能迅速準備好五至六道菜。

此時，除了製作常備菜之外，我也會一併準備好炸雞用的冷凍雞肉、將煮好的白飯分裝成小份冷凍、把做沙拉用的水菜切好裝進保鮮盒，或是將番茄事先洗好，以便隨時可以拿來使用。

先做好兩到三天份，週三（或週四）就只要再補上兩道菜就好。因為偶爾還是會外食，所以平日只要做這些就幾乎能解決三餐了。

常備菜流程

採購
採購食材時使用環保袋。

常備菜
每道各自放入保存容器中。

發展

早餐
取用常備菜中的金平牛蒡。

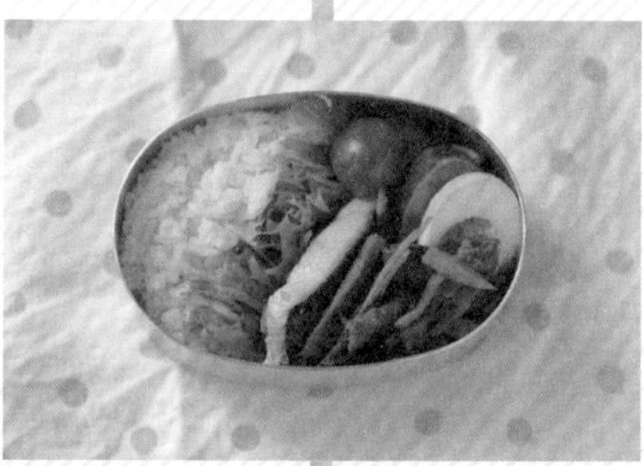

午餐（便當）
煎好鮭魚、取用牛肉牛蒡甘辛煮等常備菜裝進便當盒即可。

晚餐
主菜是照燒鰤魚。小缽裡的番茄是補做的常備菜。

補做常備菜
用小番茄和梅子做成的「番茄梅肉蜂蜜漬」。將番茄隔水加熱剝皮、去籽的梅子切碎，再用蜂蜜醃漬過即可。

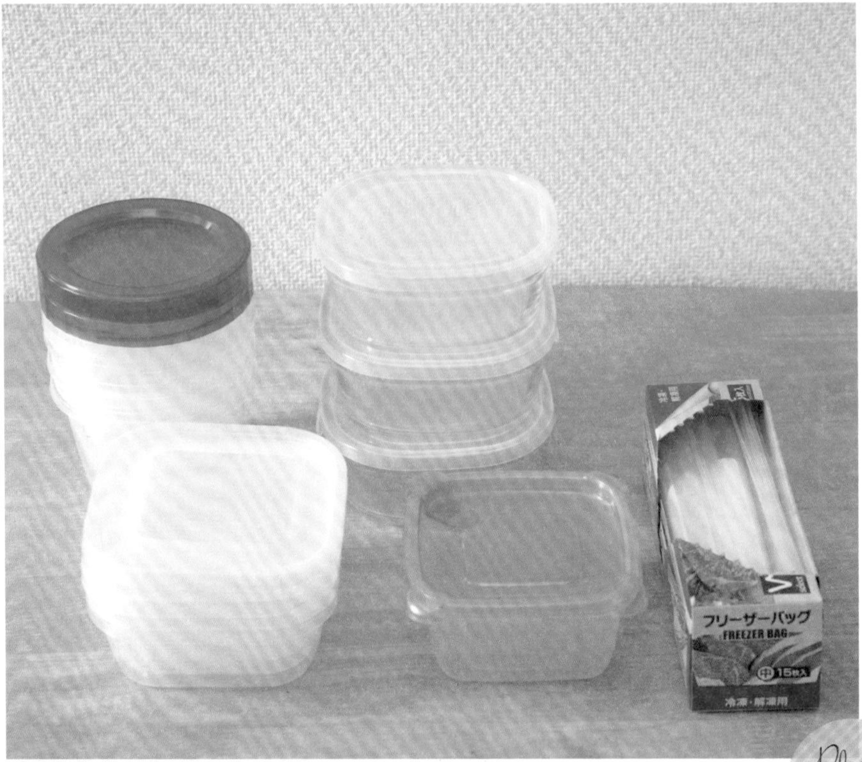

和玻璃製的相比，塑膠製的保鮮盒比較容易殘留髒汙，所以每個月要用漂白劑浸泡一至兩次左右。即使是便宜的東西，只要下點功夫就能用很久。

Plastic container

使用可以堆疊的保存容器

將常備菜放入保鮮盒中，蔬菜和魚類、肉類則用保鮮袋分裝成小份後再冷凍保存（冷凍的日期可以直接寫在袋子上）。

我所使用的是已經用了十年以上的玻璃製保鮮盒，以及在百圓商店買的塑膠製保鮮盒。

雖然我也很嚮往琺瑯製的保存容器，但為了能一眼看到盒子裡裝了什麼常備菜，最後還是選擇使用透明容器。

此外，塑膠製保鮮盒不管蓋子或是容器本身都能堆疊起來，所以能緊密地收納在狹小的地方，不怕散開（右方照片）。

如果能準備好相同種類的保鮮盒，保存在冰箱裡時就能夠堆疊得整整齊齊。

Shopping

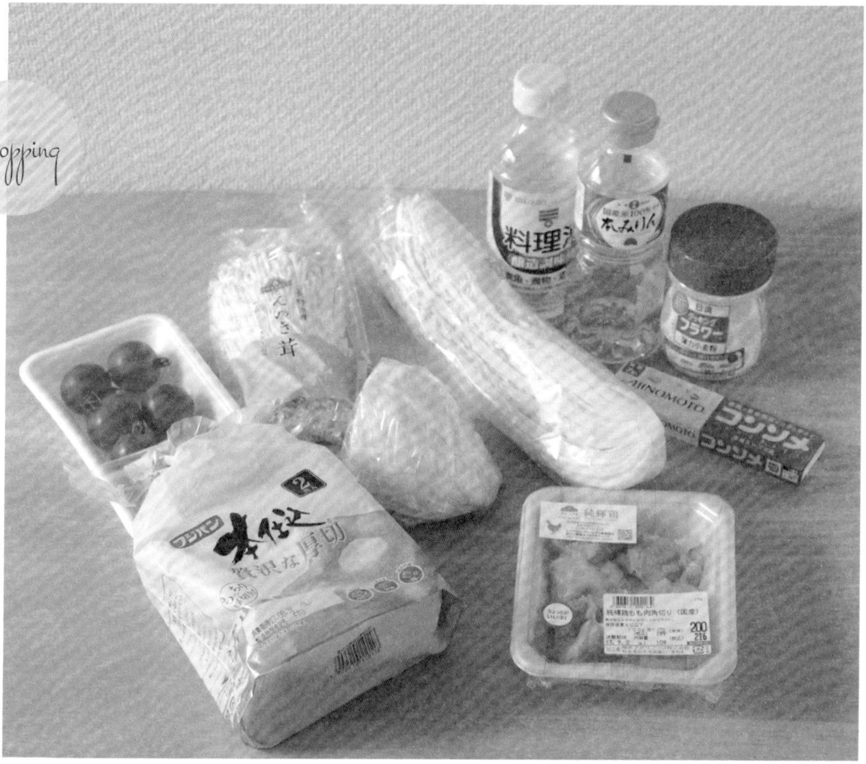

粉類總是很難用完。麵粉我一次只買一百五十公克。這樣的量不但用得完，還能防止麵粉因溼氣或氣溫變化而變質。

蔬菜或調味料選擇小包裝

剛開始一個人生活時，調味料我都買最大罐的，蔬菜也都買最大包裝。但蔬菜沒煮完，放久就容易壞掉，醬油也常常用不到一半，就因為變質必須丟掉，我有許多這種失敗的經驗。

現在，蔬菜我都一次只買一棵，或是買分成小包裝出售的葉菜。調味料則選擇最小包裝，確保自己能在保存期限內用完。

我發現：如果會因為用不完而丟掉的話，還不如選擇價格稍微高一點，但能趁新鮮時用得完的東西，也比較不會浪費錢。

此外，少量小包裝也比較不佔空間，冰箱也不會老是塞滿滿。

能馬上完成的美味晚餐

夏

Summer

週末如果比較悠哉，我也會做一些比較精緻的料理，但平常下班回家後還要做晚餐實在很辛苦。

因為我回家後的十五到三十分鐘內就想開始吃晚餐，所以會盡可能留意

沙拉烏龍麵

材料→冷凍烏龍麵、番茄、水菜和小黃瓜、水煮雞胸肉、水煮蛋（或溏心蛋）

調味→胡麻醬加沾麵醬汁、胡麻醬加和風醬混合而成的沾醬等

將烏龍麵煮過後放入冷水中冷卻，瀝乾後備用。雞胸肉如果換成涮豬肉片則會別有風味。

酪梨生拌鮪魚丼

材料→酪梨、鮪魚、蛋黃

調味→酪梨、鮪魚切成一口大小，加入市售烤肉醬和香油攪拌混合

因為完全不必開火，在大熱天也能迅速完成。也推薦加上納豆一起吃。

不要做些太花時間的菜色。

基本上我都用常備菜來解決，所以需要做的只有主菜而已。事先調味和切菜的步驟都已經在前一晚或早上就先做好，只要再煎過或煮過就能完成。

我也盡可能使用當季的蔬菜及食材來做料理（一整年只有這時候才買得到的東西）。

我也常做一道菜就能解決的丼飯或麵類。

夏天，我會盡可能不用火，做些即使中暑沒食慾也容易入口的東西。冬天則常會使用生薑，或是煮鍋類料理來讓身體暖起來。

生火腿佐無花果沙拉

材料→生火腿、莫札瑞拉起司、無花果
調味→淋上橄欖油、撒上胡椒鹽和黑胡椒
用生火腿的鹹味帶出無花果的甜味。

玉米炊飯

材料→玉米一根、米（兩杯）
調味→少許鹽
用菜刀將生玉米上的玉米粒削下來，連同玉米芯和飯一起炊煮（這時可以加入少許鹽）。將芯也放入的話，鮮味就能夠滲入飯中。隨喜好放入奶油和醬油攪拌，又會是不同味道。

冬
Winter

一個人火鍋

材料→雞肉、白菜、蔥、金針菇、豆腐，還可以加入紅蘿蔔或其他冰箱裡剩下的蔬菜

調味→如果是煮水炊鍋[4]的話，可以用昆布煮出高湯，再用和風醬汁調味

將白菜和蔥斜切，增加表面積，就能快速煮軟。隔天早上可以用剩下的湯煮成粥，享受火鍋的精華所在。

---

4 日本鍋類料理的一種，名稱的由來是因為不加調味料，以水熬煮雞肉、蔬菜等食材。

清湯麵

材料→麵線、太白粉

調味→高湯、醬油、味醂、管裝薑泥

將用醬油、味醂調味過的高湯當做湯頭，隨喜好加入薑泥，再放入麵線。最後用太白粉稍微勾芡，撒上青蔥或白蔥絲即完成。因為加了薑，吃起來暖暖的。使用麵線，所以煮起來也很快，連五分鐘都不用。

地瓜炊飯

材料→地瓜一條、米（兩杯）
調味→鹽、味醂、酒
將生地瓜切成易於食用大小，用水洗過，再和飯一起炊煮即可。地瓜的甜味會滲入飯中，能夠輕鬆享受到季節的滋味。

照燒鰤魚

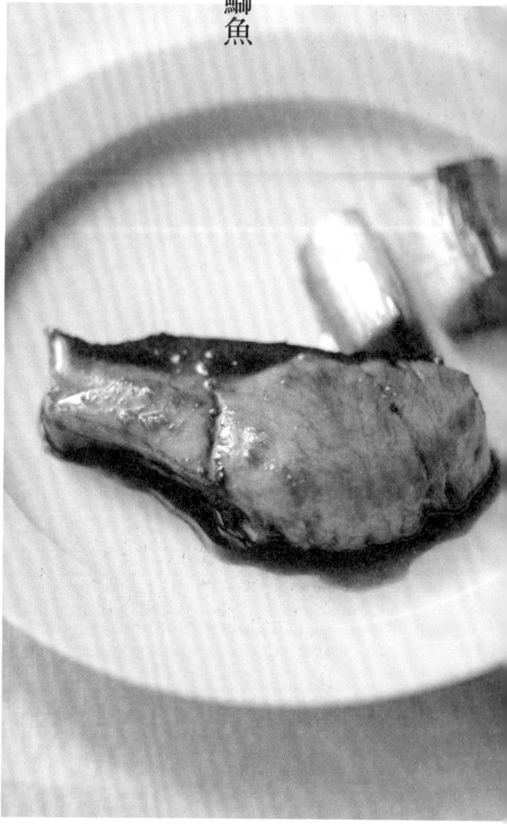

材料→鰤魚切片、蔥
調味→醬油、味醂、酒、少許砂糖
將鰤魚切片用調味料醃漬一陣子後才煎，會在中間煎熟前就先焦掉，或是容易變得太老。將魚片煎過後再調味，就能維持飽滿鮮嫩。這是祖母傳授給我的智慧。

白飯都用陶鍋煮

我每個禮拜會煮1～2次飯，有時間時就冷凍保存。陶鍋是用 kokon 的。和一般的陶鍋不同，可以做無水料理等。有時候也會拿它燉煮東西，比起單柄鍋能省上不少時間。

我沒有電鍋，這2年來都是用陶鍋來煮白飯。一聽到「陶鍋飯」，容易讓人覺得很難，感覺要一直顧著才行，但其實不是這麼一回事。

只要先把步驟記起來的話，包括蒸的時間，可以在30分鐘以內完成，吃到無敵美味的白飯。

和電鍋不同，陶鍋沒有保溫的功能，所以我會一次煮個2杯米，盛到碗裡分成5～6餐份冷凍起來。

說來有點不好意思，當初搬家時連買齊家具家電的錢都沒有，所以才開始把老家沒在用的陶鍋拿來用。

雖然後來朋友有轉讓給我一台電鍋，但最後我一次都沒用就又轉讓出去了。

Miso soup

我所使用的柴魚「宗田節」是高知縣的特產。在鍋中加水煮滾後再放入高湯包，靜置約3 分即可。柴魚的風味能做出美味的高湯。

一定會附上味噌湯

就算到了炎熱的夏天，我還是會想喝有美味高湯的味噌湯，也會忍不住動手做。在一個人的生活中要從零開始熬高湯，很費事。如果是使用高湯包的話，就能做出風味比高湯粉更佳的高湯。

除了味噌湯以外，我也常常將白高湯加以調味，做出簡單的清湯，或是加入番茄和蛋做出中華風味湯品。湯品很難一次只做一人份，我會把早上剩下的湯放到保溫湯罐中帶著當午餐，有時也用來解決晚餐。

一包大概能做1～2碗味噌湯。左邊是10包入，右邊是12包入。

Bento

我幾乎每天都帶便當去上班，省錢當然是理由之一，也可以省下去外面覓食的麻煩與時間，可以悠哉地享受午餐。湯罐是使用5年前買的 boulder 湯罐。罐身較窄，所以可以輕易放入包包裡。

能一直持續！只要裝進去就完成的便當

我的便當只要煎好煎蛋、小香腸、鮭魚，再裝進常備菜即完成，大概只要花10分鐘。

根據季節不同，帶便當的配備也會改變。夏天用保冷罐和保冷劑、冰凍的果凍等；冬天則在保溫湯罐中裝入熱湯等帶去。

保溫杯我是用可以保溫，也可以保冷的星巴克杯。吃便當用的筷子則是把平常家裡用的筷子帶去。裝筷子的袋子因為找不到喜歡的，所以之前是放在夾鏈袋裡。現在則是用朋友從三重帶給我的伴手禮。因為是布製的，所以也可以用來把湯匙、叉子等包起來，我相當喜歡。

某天的便當

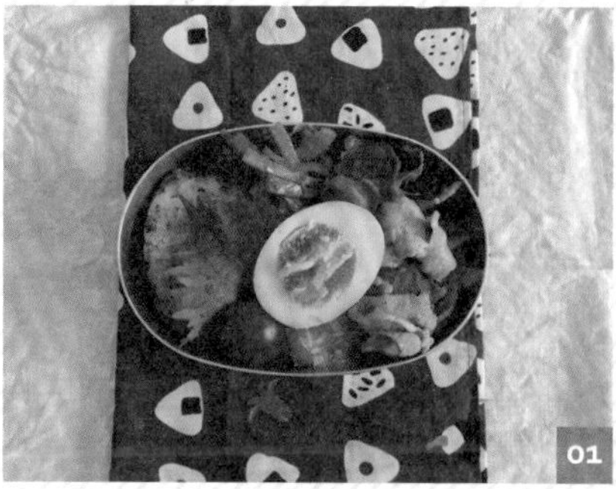
01

02

03

04

05

06

01 紅紫蘇飯糰／金平紅蘿蔔／和風馬鈴薯沙拉／溏心蛋／薑燒豬肉
02 紅紫蘇飯／煎鮭魚／蔥蛋捲／煮羊栖菜／燉南瓜
03 煎蛋捲／小香腸／白飯配鹽昆布／金平紅蘿蔔／馬鈴薯沙拉／橘子
04 蘆筍紅蘿蔔培根捲／柴魚炒綠椒／南瓜沙拉／小香腸／布丁
05 沙拉義大利麵／醃紅蘿蔔／芝麻拌菠菜／炒青菜（青椒來自朋友家的菜園）
06 南瓜沙拉／糯米椒炒肉／溏心蛋／蘿蔔絲
我每次都會放入萵苣和小番茄。自從開始做常備菜之後，我就幾乎不買冷凍食品了。

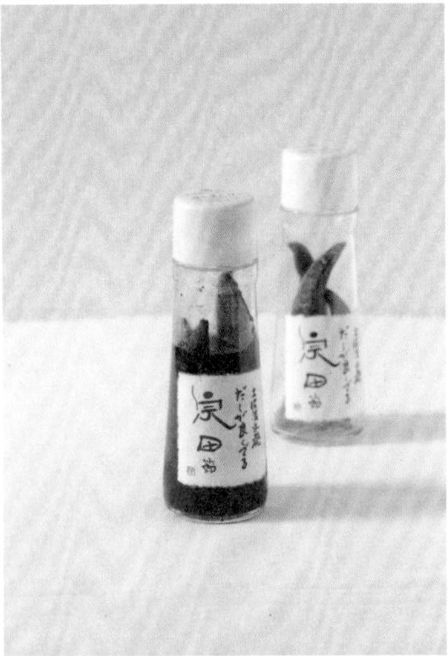

能做出好高湯的宗田節

加入市售的醬油，放個一兩週後，就能做成高湯醬油。常用在涼拌豆腐、雞蛋拌飯上。如果一直補加醬油的話，可以用個一年左右。

柚子醋醬油　柚子之村　馬路村

有著明顯的柚子香氣與味道，推薦給不喜歡柚子醋酸味的人。做水炊鍋或湯豆腐時必用。

土佐鰹魚　高湯味噌　究極美味！

在老家一直都是用這個，因為已經有加入高湯，沒時間或想省麻煩時，只要將味噌融化就好。

我的愛用調味料・故鄉的滋味

我從小就很熟悉的味噌和柚子醋醬油。製作日式料理時，我有許多調味料，能用來讓高湯更豐富。

雖然也曾用過各種不同的味噌和調味料，但熟悉的滋味果然還是無可比擬。就算遠離家鄉，只要吃得到使用家鄉當地調味料的料理，就會覺得安心許多。

宗田高湯　紅蘿蔔醬汁

能夠享受紅蘿蔔清脆感的醬汁。拜宗田高湯的美味之賜，吃起來比想像中還沒有紅蘿蔔味。除了當作醬汁外，也可以淋在卡爾帕喬[6]、魚或肉上。

---

6 Carpaccio，一種義大利前菜，將醬汁淋在薄切生牛肉片或生魚片上。

烤味噌　高知屋

加入大量香菇、紅蘿蔔、牛蒡的鹹甜味噌。可以跟白飯一起吃，或用來拌小黃瓜，或取代蔬菜棒的沾醬；也能放在涼拌豆腐上，或放在烤茄子上做成田樂風味[5]。

---

5 田樂：日本一種將味噌塗在食材上燒烤的料理方式。

雞蛋拌飯專用　極上宗田節

比一般的柴魚還鬆軟，吃起來的口感彷彿一放入口中就會融化。能讓簡單的雞蛋拌飯變成豪華的一道菜。

大蒜醬油（自家製）

一個人生活買蒜頭常常用不完，所以我就把多餘的蒜頭浸在醬油中。可以用來為炸雞提味，或是在做炒飯時使用。

我會把放常備菜的容器直接拿來當便當盒。這天出門去野餐了。

第 3 章

各個角落
都善盡其用
的廚房

常用的東西 不會馬虎

Kitchen

正因為每天都會做菜，廚房成了我想以用得順手為優先的場所。例如：油如果直接從瓶子裡倒的話，常會不小心倒太多，液體調味料也常會搞得到處黏呼呼的，所以我都將其移到調味罐中，要用的時候就用隨附的刷子沾油（如果是要炸東西等使用很多油的情況，才直接從瓶子中倒。）不太用的調味料則會收到冰箱裡或流理臺下。

另外，為了讓廚房看起來更寬廣清爽，我也不會把瓦斯爐、鍋子或熱水壺四處放。我很在意瓦斯爐四周會不會油油的。只要每次做完菜後馬上用抹布快速擦過，就不會變得油膩膩。

為了提高自己煮飯的動力，我也很講究煮完後要馬上把廚房整理乾淨。

餐具架為不鏽鋼製。不但耐熱，也很好保養。我用來放筷子、木鍋鏟等常用的東西。

胡椒鹽和黑胡椒拿掉外包裝後直接使用原來的瓶裝。砂糖和鹽則換成用 WECK 的小罐子裝。

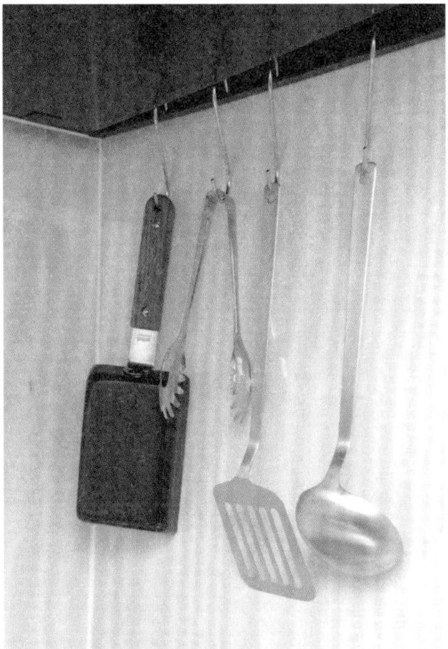

在抽油煙機的邊緣掛上較長的 S 型掛勾，再掛上圓湯勺和鍋鏟。這裡是一些放不進餐具架裡的東西。

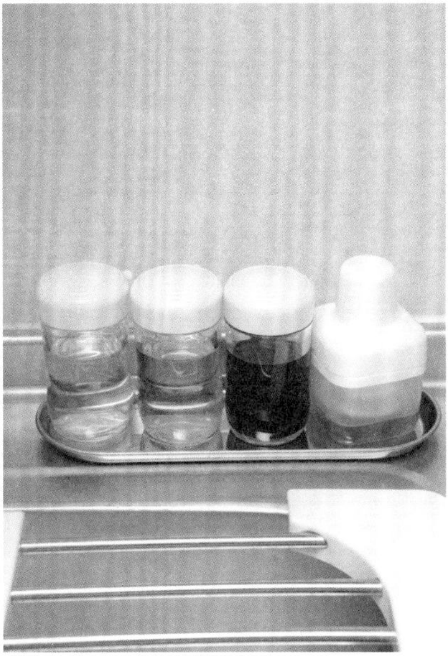

因為常料理和食，所以就把醬油、味醂、料理酒放入餐桌用調味罐裡，統一放在離流理臺近的地方。最右邊是放油。

水槽周圍使用「吊掛式收納」比較衛生

Sink

為了更容易馬上使用流理臺，我盡可能不在上頭放任何東西。

水槽周圍使用吊掛式收納。如果把東西吊好，不但省空間，也不會礙手礙腳。砧板、棕刷和海綿都能更快乾，也更衛生。

為了讓吊起來的東西看起來更清爽，我都是選擇白色或自然色調，設計也很簡約的東西。牆角的清潔劑則是將外包裝拿掉後使用。

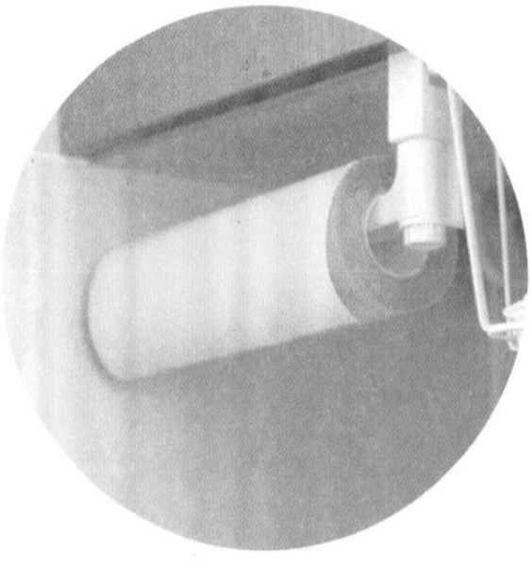

餐巾紙架吊在櫥櫃下方。左側抵住牆壁，所以不會在用到一半時從捲筒軸上掉下來。

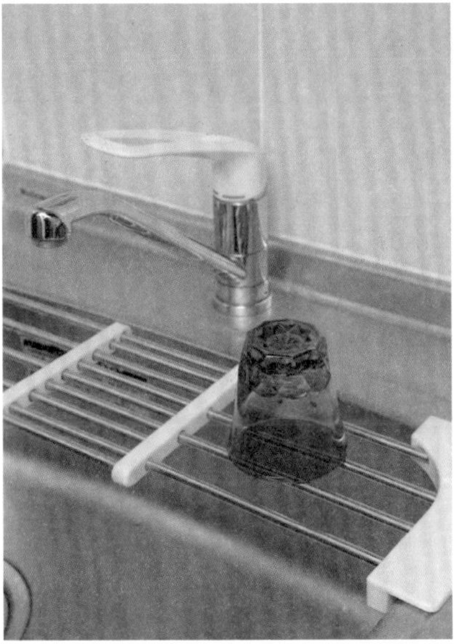

瀝乾架

宜得利（NITORI）購入的滑開式瀝乾架。宜得利有販售很多一個人生活用的便利小物。

砧板

輕巧但又有紮實的厚度，便於切肉切菜。為了保持潔白，所以時常漂白清洗。

洗餐具用海綿

聽說海綿很容易有細菌孳生，所以我將海綿放在沒有東西覆蓋的架子上，讓它更容易乾。

打掃小工具

放在白色提籃裡的是咖啡研磨器專用的刷子。打掃流理臺用的科技海綿也放在裡頭。旁邊則是棕刷和洗保溫杯等餐具用的刷子。

在自己面前切好食材，切好的東西則往裡面擺。和瓦斯爐之間的空間則用來放碗盤，就這樣一邊做料理。

讓狹小的調理空間用起來更順手的訣竅

一個人生活的住家似乎常給人廚房狹窄，做起菜來很辛苦的感覺。

我家的廚房絕對稱不上寬廣，連放砧板的空間都沒有。

剛搬來時，我原本想買可以放砧板的料理臺，但因為連這樣的空間也沒有，我就把瀝乾架橫放在水槽上，再直放上砧板。由於用菜刀切食材時，砧板會滑動，所以就鋪上抹布用來發揮止滑功能。

雖然狹小，但對做一人份的料理而言，空間已經很足夠了。現在我也不覺得有什麼不方便的地方。

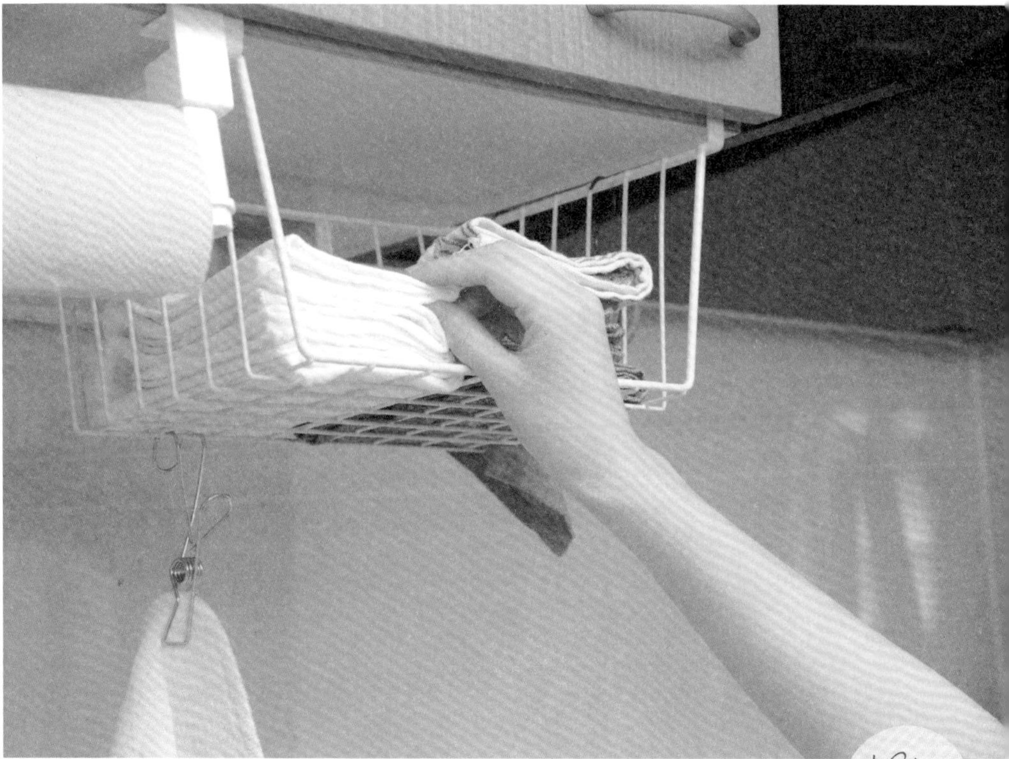

吊掛置物架的左側是抹布，右側是亞麻抹布。我長期愛用無印良品的「落綿環保抹布」，不但吸水性佳，且12條才500日圓，CP值很高。我一天會用3～4條，有時還會不夠用。我大多使用相同的東西，多準備幾條就能更輕鬆管理。（左下）直接吊掛起來的抹布，可以用來將餐具擦乾淨。

Kitchen towels

在隨手可得的地方放上數條抹布

廚房用的抹布總共有12條。雖然感覺好像很多，但不管擦餐具、擦流理臺、稍微清潔瓦斯爐四周和流理臺的髒汙、流理臺下的餐具架、打掃擦拭微波爐及冰箱，我全都是用一樣的抹布。

雖然已經常常洗，但因為我每天持續使用，還是很介意氣味和髒汙，所以常會將抹布煮滾消毒。只要用鍋子將水煮滾，放入抹布煮5～20分鐘即可。

輕微的髒汙用小蘇打處理，頑固的汙垢則放入清洗用粉狀清潔劑。煮完之後再用洗衣機洗，晾乾之後就完成。

這個做法雖然很簡單，卻能有效殺菌，消除氣味和髒汙，讓抹布恢復剛買來般的潔白。

Cabinet

櫥櫃深處也徹底使用吊掛式收納架的方法

因為我個子比較小，所以會使用吊掛式收納架來放一些使用頻率比較低的東西。

上層是某些季節才會使用的卡式瓦斯爐、鍋子、料理紙、抽風機濾網等備用品、客人用的紙杯與紙碗。這些東西若不踩著椅子上去拿就拿不到，但因為幾乎不會用到，所以也不會覺得麻煩。

下層則是一些伸手就拿得到的東西，所以都是放些使用頻率比上半部東西高的物品（保鮮膜、鋁箔紙、酒精噴霧等）。

右邊的收納盒裡面放了垃圾袋等，為了能馬上拿出來，所以選的是有把手的收納盒。左側則是用吊掛式收納架，讓少少的收納空間發揮最大的功能。

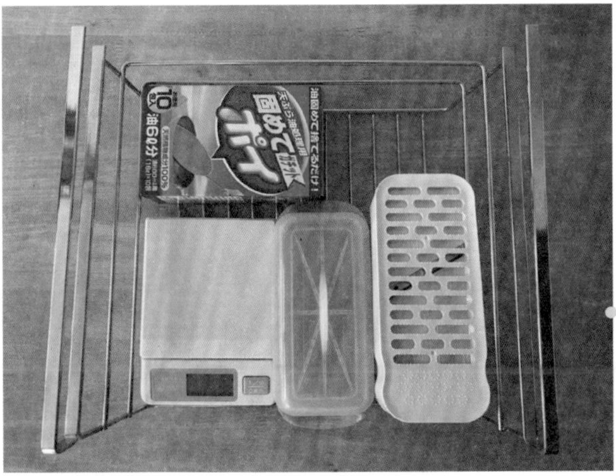

吊著的網籃裡放了磅秤、磨泥器、矽膠餐盒、廢油凝固劑。

廚房週邊使用的消耗品盡可能放在這個盒子。垃圾袋、排水孔濾網、科技海綿的備用品等。科技海綿用菜刀切成小塊使用。

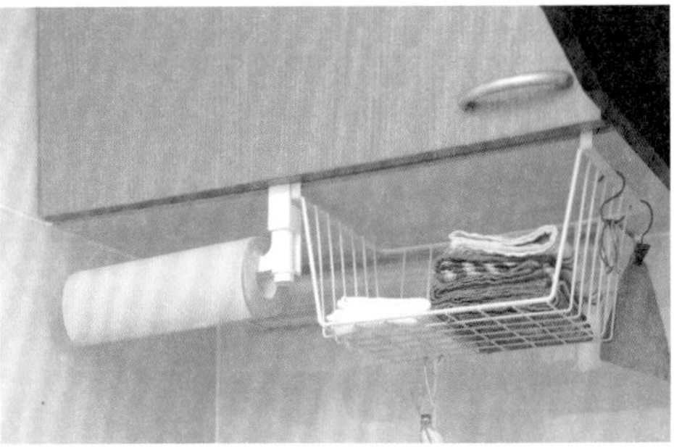

餐巾紙

餐巾紙架和抹布掛鉤的部分，採用的是不會妨礙櫥櫃門開關的結構。

Under the sink

用置物架來劃分區域，右側為烹調器具和調味料，左側則用來收納餐具類、保存容器和咖啡豆等。

流理臺下方收納大公開

流理臺下方幾乎可以收納所有做料理時會用到的東西。右側因為是瓦斯爐底下，為了在做菜時可以馬上拿出來，放了平底鍋與調味料。

調味料都用無印良品的ＰＰ化粧盒統一收好。

我之前很煩惱鍋蓋要怎麼收。如果直接蓋在鍋子上收起來的話，只想用鍋子時還必須特地把蓋子拿開。雖然不是什麼很費事的步驟，但每次都得這樣的話也很不方便。

我調查了各種收納鍋蓋的方法後，選擇在櫥櫃門的後面黏上掛勾，再放上鍋蓋。這樣收納方式看起來美觀，又省空間，想用時就能馬上用，非常方便。

流理臺下方——右側

白色架子是必要配備。我在這邊放了鍋子、平底鍋、篩網、鋼盆、調理盤和調味料。

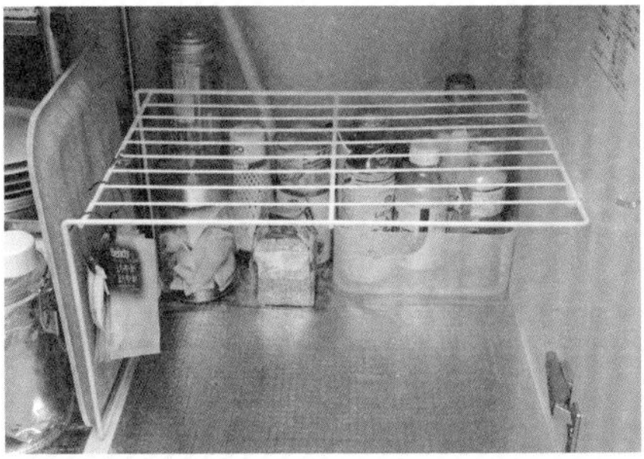

深處放了醬油類的備用品、罐裝食品、高湯包、裝在瓶子裡的義大利麵等。

黏上可拆除的無痕掛勾。因為黏著力很強，東西還沒有掉下來過。

用附夾子的掛鉤將已開封的高湯粉等吊起來收納。我曾經常發生東西一次用不完，就不知道放去哪裡，所以又拆一包新的來用……使用這個方法之後就解決了。

流理臺下的左側放了宜得利的不鏽鋼架。它可以繞過水管設置，是個讓收納零死角的好東西。上層放了馬克杯、茶杯、餐具收納盒。中間是餐具。

因為沒有餐具櫃，所以餐具全都放在這裡。雖然餐具比較多，但也只有這個地方放得下的量，所以也不會再多買超過這個份量的餐具。下層放了米桶、陶鍋、放進無印良品密封罐裡的麥茶包和咖啡豆。

米桶是從宜得利買來的，可以剛好收在架子底下。後方有附輪子，能很順暢地取出。

5kg 裝米桶。對一個人生活來說是很足夠的大小。還放了 S.T. 的「米糖番」果凍狀辣椒驅蟲劑來防蟲。

咖啡豆和麥茶包放入可以密封的瓶子中。

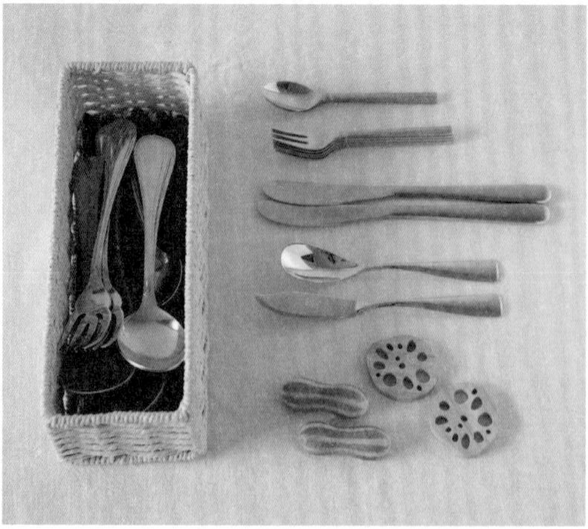

流理臺下方——左側

架子的層板可以自由組裝。只要放入置物架，就能擁有一共三層的收納空間。

我將最重的東西放在最下方。盤子放在正中間，比較好拿。

這是我所擁有的全部餐具。大致上都是兩個為一組。

（右頁）餐具也都是兩個一組。右下方是我喜歡的筷架。看起來就像真的蓮藕一般，十分可愛。

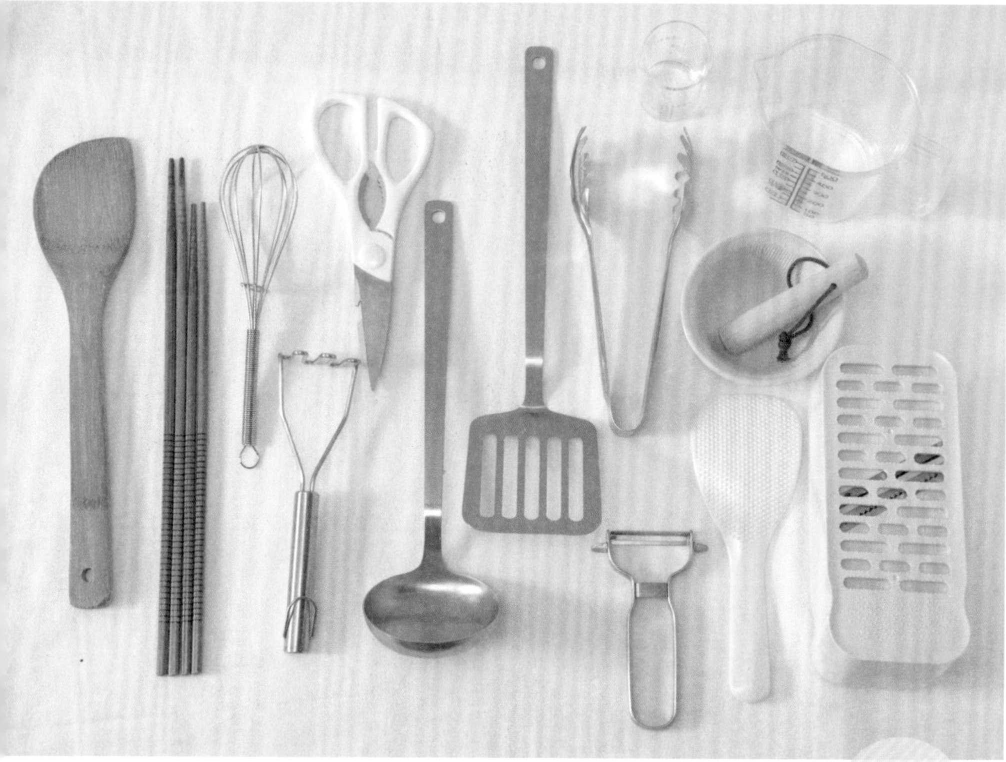

如果把烹調器具一物多用的話，東西或許還能更少；但對我來說這些很必要。

Kitchen-ware

卯足全力工作的烹調器具們

為了讓自己能更想站在廚房裡，烹調器具我也盡量選順手好用又獨具風格的。

原本的平底鍋不沾塗層已經剝落，連煎荷包蛋也會黏鍋。因此，我將平底鍋和鍋子換成特福的「巧變精靈」[1]系列鍋具組。

可拆式把手除了更便於收納外，鍋具組中還附有矽膠鍋蓋（可用來保鮮料理），煮了味噌湯或咖哩吃不完時，只要蓋上蓋子就能直接拿到冰箱保存。能夠直接端上桌也很有魅力。

實際試用過後覺得非常方便，也讓人對做菜更加期待了。

1 法國特福的可拆式把手鍋具組，在香港稱為靈巧疊疊鑊系列。

我有一個小篩子、一個小鋼盆、兩個中鋼盆、一個大鋼盆。調理盤和網盤是一組的。

磨泥器、削皮器、刨絲器、刨細絲器為一組的工具。只要疊起來就很好收納。除了切段之外，其他的蔬菜準備作業都只要用這個就能完成。比起用菜刀，能切得更漂亮又省時。

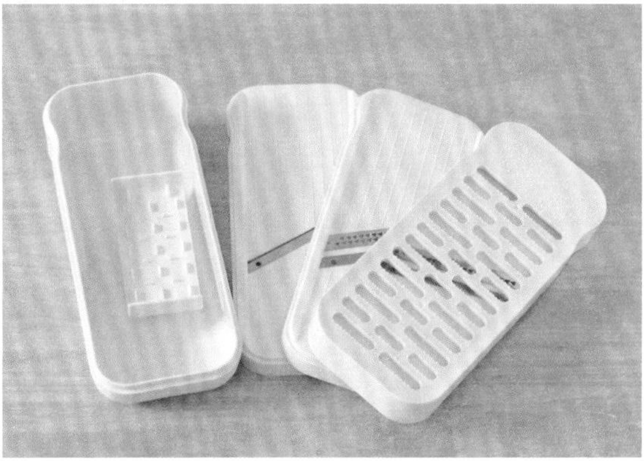

特福鍋具組包含16cm、20cm的鍋子和22cm的平底鍋。矽膠鍋蓋是剛剛好適合一個人生活用的小尺寸。如果要蒸蔬菜或雞肉的話則可以用微波爐完成，在只有二口瓦斯爐的我家大為活躍。

Fried eggs

用 ambai 做的玉子燒，能用比其他平底鍋更少的蛋液，做出有厚度又鬆軟的玉子燒。

終於入手心心念念的玉子燒鍋

我一直在尋找理想中的玉子燒鍋，最近發現了「ambai」這個牌子。規格簡單、尺寸便於收納（只用一顆蛋也能做出玉子燒），因為是鐵製，只要好好保養應該就能用一輩子。

除了做玉子燒以外，我也會拿它來稍微煎一下香腸。鐵的導熱很平均，所以能做出鬆軟的玉子燒。

保養方法跟鐵製平底鍋幾乎一樣，不用清潔劑以棕刷刷洗後開火加熱，讓水分蒸發，再倒一點油在上面。一開始會覺得有點費事，習慣後就不會這麼覺得了。

深得我心的 yumiko iihoshi porcelain 餐具們。我非常喜歡其簡約的設計與稍有凹凸的手感。
（左下）我自己做的餐具。我的夢想是所有的餐具都親自手做。

Tableware

餐具是一個個慢慢蒐集來的

以一個人生活而言，我的餐具確實比較多；但每個餐具都是我實際拿在手上，一邊想著「這可以裝什麼樣的料理呢」之後才買的。

自從開始講究餐具後，我變得更想要擁有能對其注入感情的餐具，因此從去年開始學陶藝。湯碗、茶杯、小碟子等都是我親手製作的。

雖然因為收納空間有限，我也盡可能注意不要增加餐具的數量；不過為了邀請朋友來家裡吃飯，或是為了以後擁有家庭也能使用，餐具我都是準備兩個為一組。

每到週五就會清空的冰箱

冰箱中盡可能不要堆放東西。保鮮盒如果分成上下兩層放，就能一眼看到冰箱深處放的東西。

門後置物架中放了麥茶、冰咖啡、需要冷藏保存的調味料等，都是選擇放得下的尺寸。

Refriger-ator

以前常搞不清楚冰箱裡到底冰了什麼，等注意到時，調味料跟醬汁往往已經過期，或是翻到變得皺巴巴的蔬菜，有很多類似這樣的失敗經驗。

現在我只買一個禮拜就能用完的食材份量，並在週末時把冰箱清空。

另外，也對冰箱裡的配置做了妥善的管理。上層是放味噌、奶油等保存期限相對較長的東西。中層是放納豆等能保存約一週的東西。最下面則放常備菜、優格等，想盡可能早點吃完的東西。

以最下層的蔬果保鮮室為中心，我會一邊檢視有什麼剩下的東西、一邊做料理，或是準備便當，這樣就不會有食材放到壞掉的情況發生。

使用沒有存在感的垃圾桶

Garbage can

掛在架子上的麻袋是用來保存根莖類蔬菜用。為了去買東西的時候可以更迅速，我把環保袋掛在冰箱側邊。

20公升裝的垃圾袋。小一點的尺寸倒垃圾很方便。

我家流理臺後方就是冰箱，只有能讓一個人通過的空間。如果將可燃與不可燃垃圾分別放於不同垃圾箱，可能會很佔位置，所以我在架子上放上垃圾袋，當作簡單的垃圾桶。

雖然這樣是直接把垃圾袋擺出來，不過因為放在比視線低的地方，所以從玄關看進去也不太會注意到。

和箱型垃圾桶不同，存在感很低這點幫了大忙。

夏天在意氣味的時候，廚餘我會用兩層袋子包起來，並在垃圾袋中撒些小蘇打來除臭。

另外，一個人生活垃圾量並不多，垃圾袋只要20公升的就很夠用了。

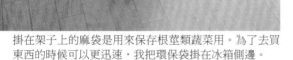

第 4 章

再狹窄也能看起來很清爽的物品收納方法

衣服換季的時機：如果一年穿不到一兩次，或是連一次都沒穿過的話，我就會很乾脆地捨去。想著「總有哪天會穿」，通常都不太會穿。

Check

定期檢查物品的數量

就算特別注意，隨著生活時間越長，東西也會逐漸增加。到了衣服換季時，和覺得「最近東西好像有點多」時，我就會進行調整。

將東西全部一次拿出來，檢視有沒有重複的東西？最近有在用嗎？有什麼東西可以取代嗎？

特別是衣服很容易增加，所以我只要每買一件新的，就會捨去一件舊的。「有想要到可以捨去一件現在有的衣服嗎？」只要這樣想，就能克制住購物的衝動。

事先把東西拍下來，就能掌握自己有的東西，也更容易思考穿搭或思考是不是已經有類似的東西。

用「裝飾性收納」妝點家裡

my place

雖然家裡已經盡可能不放東西，但常用的東西如果收到深處的話，要拿出來就會變得很麻煩。如果是很有設計感、可以做為家中亮點的東西，反能當作裝飾性收納，特意讓人看到。例如：背包、帆布包、公路車、鞋架上的鞋子和傘。

因為擔心背包的型會跑掉，又很難收進衣櫃裡，我便決定試著將它當作裝飾品。和公路車的戶外感很搭，就算裝飾起來也不會破壞房間的氣氛。

鞋架原本就是無遮蓋的類型，自然地裝飾上去就好。我嚴選了自己喜歡的鞋子。

衣櫃收得下全部的東西

For housing

衣櫃夠大，是我決定搬到現在的家的關鍵點。

為了在生活空間中盡可能不要放東西，我將衣服、書、備用的日用品、季節用品，以及其他小東西全都收在衣櫃裡。

現在雖然正好看起來很清爽，上層還有很多空間；但剛搬來時裡頭還塞了三大紙箱的書跟CD，呈現一打開衣櫃東西就搖搖欲墜的狀態。之前還曾為了是否要使用收納用具而煩惱，結果最後什麼收納用具都沒買。

正式服裝和冬天的大衣等，用衣架掛起來能收得比較整齊的東西就用掛的；平常穿的衣服則是摺起來，收進PP抽屜櫃裡。這是為了在打開衣櫃時，能盡量看起來很清爽。

書和保養品，比較常用的就放在上層，要用時可以馬上拿到。下層是衣物箱和抽屜櫃、洗滌用品和打掃用具、備用的日用品，盡可能放些視覺上想隱藏起來的東西。

進行斷捨離、搬了家之後，不但東西變少了，空間也變得更有餘裕。也不需要把東西拿來拿去，少了很多壓力。

以前常常把什麼東西都塞進衣櫃裡，一邊想著「應該是放在這裡」，一邊把所有東西都翻出來找。現在因為完全能掌握什麼東西放在哪裡，自然也不會再發生這種情況了。

— 小說、工具書和語言學習書放在右後方。這是經過好幾次斷捨離之後剩下的量。

— 美甲用的工具類。指甲油有兩個顏色。

— 飾品類。因為是透明的看得到裡面，所以不會在盒子裡找不到東西。

— 整組保養用品和化妝用品，化妝工具也放在這個盒子裡。

衣櫃大公開

手提包只有 Coach 包和藤編包共兩個。根據不同場合使用。

有很多備用的衣架，可以用來掛隔天要穿的衣服或是洗衣服時用。

用來放襪子等小東西。

比較難摺起來收納的洋裝或戶外衣物掛在這邊。

衣夾和衣架類。我買了大小收得下所有東西的收納盒。

浴巾、方巾、吹風機等收進布製收納盒中。

鐵皮水桶主要是在洗鞋子或打掃陽台時使用。

雖然被門板擋住了看不到，但為了方便馬上取出使用，熨斗就直接擺在這裡。

工具和布膠帶等統一收在盒子裡。

浴衣和較厚的毛衣等特定季節穿的衣物放在這裡面。

從老家帶來的抽屜櫃。疊成三層使用。

壓縮袋裝著的毯子，前面是睡袋。

Clothing

右邊空出來的地方可以攤平東西，或是拿來做點其他事情。高度正好及腰，所以直接站著使用也沒問題。

確保衣櫃上層的空位

以前因為只要把門關起來就看不見，所以在衣櫃裡塞了很多紙箱和衣服。沒有辦法馬上看到什麼東西是放在哪裡，雜亂不堪，也是令人不想直視的地方。

在開始以極簡生活為目標，進行斷捨離的過程中，我才注意到：比起都塞進櫃子裡時，東西變得更好找到，也更容易拿出來了。整理得更清爽後，衣櫃就成了會讓人想打開的空間。選擇要穿什麼衣服也變得更讓人樂在其中了。

為了在右側留出空間，我特地什麼都沒有放。冬天時可用來收電風扇，突然有客人來時也可以當作暫時放置物品的場所，充分利用。

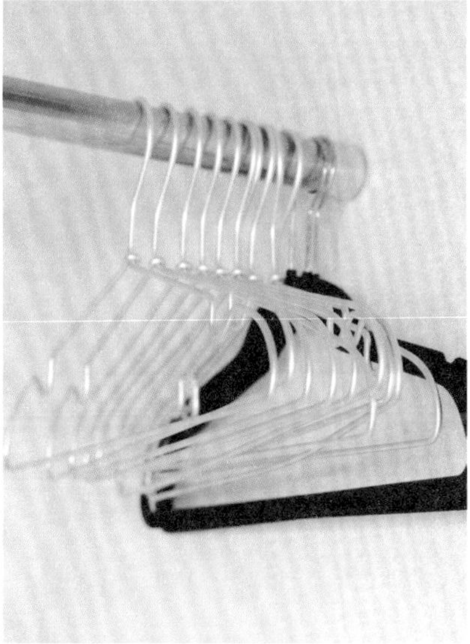

統一衣架的形狀

衣架分成普通的尺寸，跟可掛大衣等較大東西、尺寸較寬的兩種。

沒有書架

我從以前就很喜歡菊池亞希子，她身兼模特兒、女演員、季刊編輯等……可以從她多采多姿的面貌獲益良多。

包包的收納方法

Coach 的包包是祖母讓給我的。雖然我對高級品牌沒什麼興趣，但祖母出於好意將它給了我，說到了一定年紀還是要有個好一點的包包。

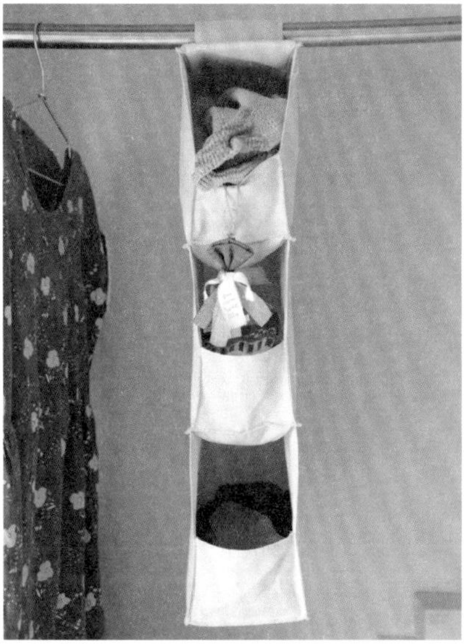

小物用收納掛袋很方便

襪子和手套等放到抽屜櫃裡容易四處散亂的東西，就放進收納掛袋裡。綁著緞帶的袋子是朋友送我的香氛袋。

下層要疊起來的東西可放於抽屜類收納中，便於整理。

Sort out

衣櫃下層使用「收納箱」區隔

下層有衣物收納盒、洗滌用品、毛巾、擦臉毛巾、防災用品、工具組、熨斗、makita吸塵器的充電器、打掃用具、日用品的備品類等，我在這裡放了視覺上盡可能想隱藏起來的東西。

附蓋的衣物收納箱裝的是季節性的衣服，不過大衣類則是一年四季都吊起來，其他衣服則是收到抽屜式衣物收納櫃中，換季不用五分鐘。

只要拿出衣物收納箱，將帽子和手套、圍巾、熱水袋等小物，根據季節上下交換就解決了。

紙袋

紙袋等是意外必要的東西，所以我蒐集了三四個，統一收在淺綠色的帆布包裡。小圓點的盒子裡裝的是消耗品的備品。

衣物收納盒
根據季節將內容物上下調換

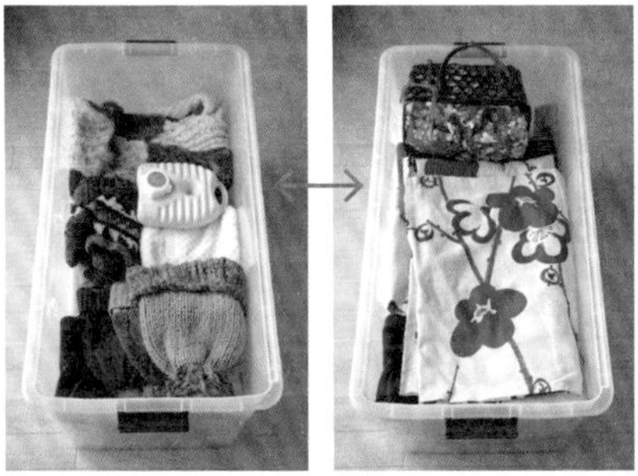

冬

冬天的毛衣和帽子類。

夏

浴衣組等。

文件與文具

重要文件、文具類及 CD 等小物都放進 Coleman 的可摺疊式收納箱中，放進深處。露營或音樂祭的時候，我有時也會把裡面的東西拿出來，拿箱子去用。

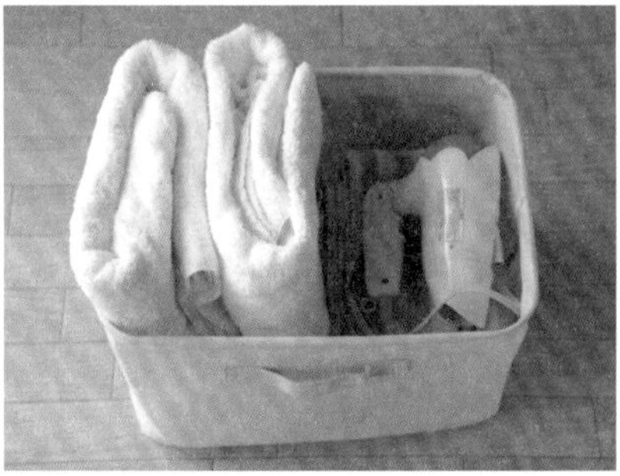

盥洗用品

因為沒有更衣室，所以浴巾、擦臉毛巾和毛巾也收在衣櫃裡。大浴巾有 2 條，擦臉毛巾有 5 條（擦臉毛巾和廚房毛巾使用同一種，所以較多條）。吹風機也放在這。

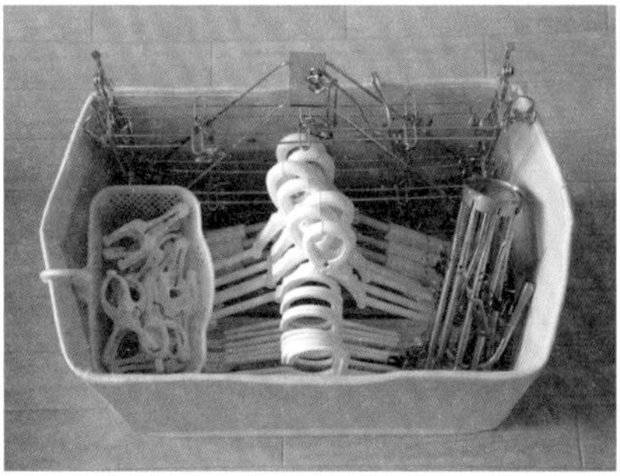

衣架

因為放在離陽台近的地方，衣服晾乾後就收進收納箱中，可放在床上作業。

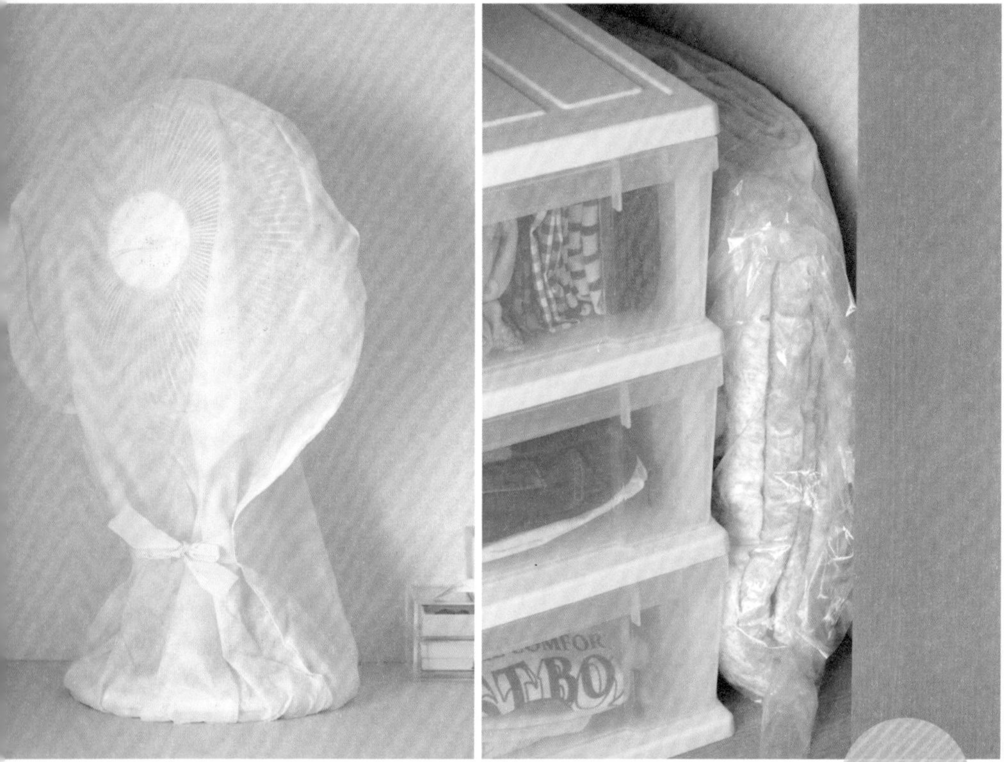

換季時便將電風扇用百圓商店購入的罩子包起來，放到衣櫃裡空著的地方。防止灰塵。毯子與保暖墊則用壓縮袋壓縮。因為變硬，所以可以立起來。

Seasonal

最低限度的季節性用品，也捨去加濕器

我沒有夏天用的毛毯。因為夏天開空調會覺得冷，所以被子一年四季都用一樣的。冬天用的毯子和保暖墊通常是壓縮後收納。

我以前有電熱毯和加濕器，但因為電熱毯很占收納空間，而且常開了忘記關就直接出門，久而久之就不用了。

加濕器需要天天保養，半年要換一次濾芯，令人頭疼；尺寸對於三坪的家也太大，便決定捨去了。天氣乾燥時，就將方巾沾濕扭乾後掛在家裡取代加濕器。

沒特別準備待客用品

Visitor supplies

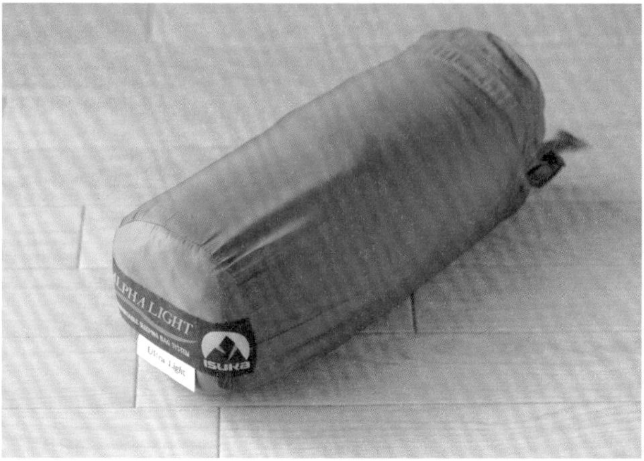

有花樣的紙杯紙盤等，在3COINS或Flying Tiger等有格調的雜貨屋裡均有販售。睡袋是「ISKA」的，是一個販售正式登山用品的品牌。如果是不習慣的人，可能會覺得太薄了不好睡，但對我來說已經很足夠。

我沒特別準備待客用品。請朋友來家裡吃飯時，因為餐具原本就都是準備兩個一組，所以基本上原有的東西就已經夠用。餐具不夠時就會拿紙盤、紙杯出來，不過因為上頭都有可愛的花樣，客人反而會感到驚喜。

以前也有準備過客人用的棉被，但幾乎沒什麼機會用到，也很占空間，所以就將其捨去了。我會請客人在床上睡，我則將瑜珈墊鋪在地上，用睡袋睡覺。以前露營時就很習慣睡帳篷，所以並不會覺得特別難睡（或許只有我是這樣）。

因為是偶爾才有的情況，只要用替代用品就能解決。

正因為一個人住才想準備的防災箱

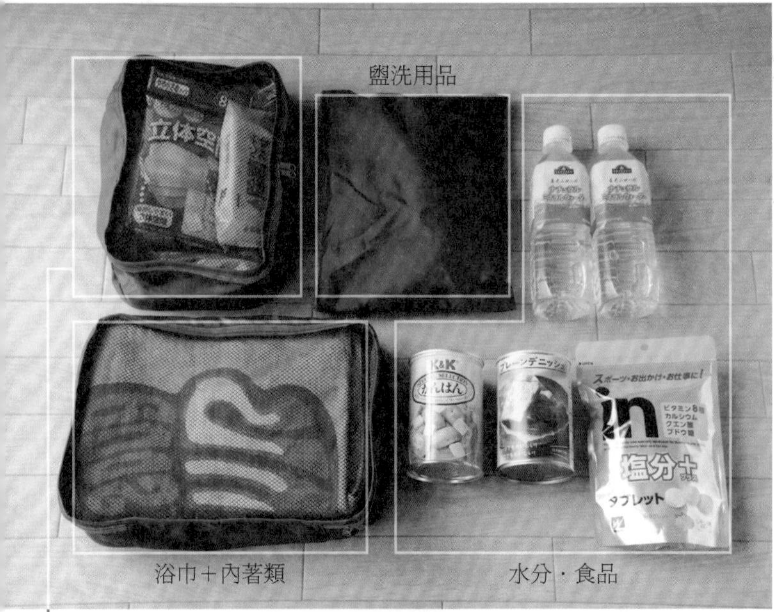

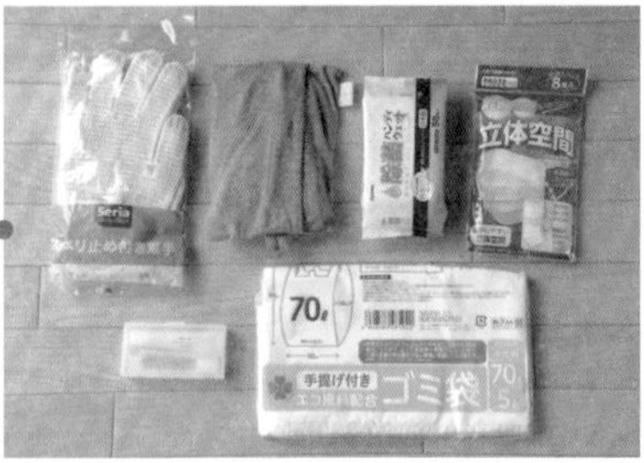

貼身衣物會在換季時替換成夏天或冬天用的。同一時間點也會確認緊急糧食和飲用水的保存期限，進行更換。當避難所沒有可以替換衣物的場所時，如果有大浴巾就能解決簡單的衣物更換。

Emergency supplies

正因為一個人住，只有自己能保護自己，所以防災用品才會是我想好好準備的項目之一。

我在衣櫃中常備防災箱。在網路上搜尋過後，裡頭裝了軍用手套、毛巾、貼身衣物（一天分）、緊急糧食（麵包乾和丹麥麵包）、500ml的瓶裝水兩罐、濕紙巾、口罩、簡易拖鞋、垃圾袋、牙刷、生理用品。

我以前待的童軍裡有句座右銘叫「常備不時之需」，指的是要盡可能做好準備，好在發生意料外的狀況時能妥善應變；我從小就加以實踐並謹記在心，所以準備防災箱對我而言，也是理所當然的事。

Television racks

花瓶後方的擴香是使用無印良品的「草本」。一室大小已經很夠用，香氣可擴散至玄關口。
（右上）為了能馬上清理灰塵，我在電視後面放了撢子。

「沒有門板」的電視櫃講究之處

以前收納空間很足夠，電視櫃也是用比較大的。最後就演變成把東西都往裡面塞，重到一個人搬不動，直到搬家之前四年來一次都沒能打掃過。

因此，在這次的一個人生活中就想以方便打掃為優先，但又一直找不到適合的電視櫃，最後就決定訂做了。

不過，因為沒有門板，所以能直接看到配線。如果沒把配線整理好，就容易積灰塵，也會變得很難打掃，所以我就用螺旋理線套按照自己的方式整理好。

拜此所賜，現在不但清爽多了，打掃起來也更輕鬆了。

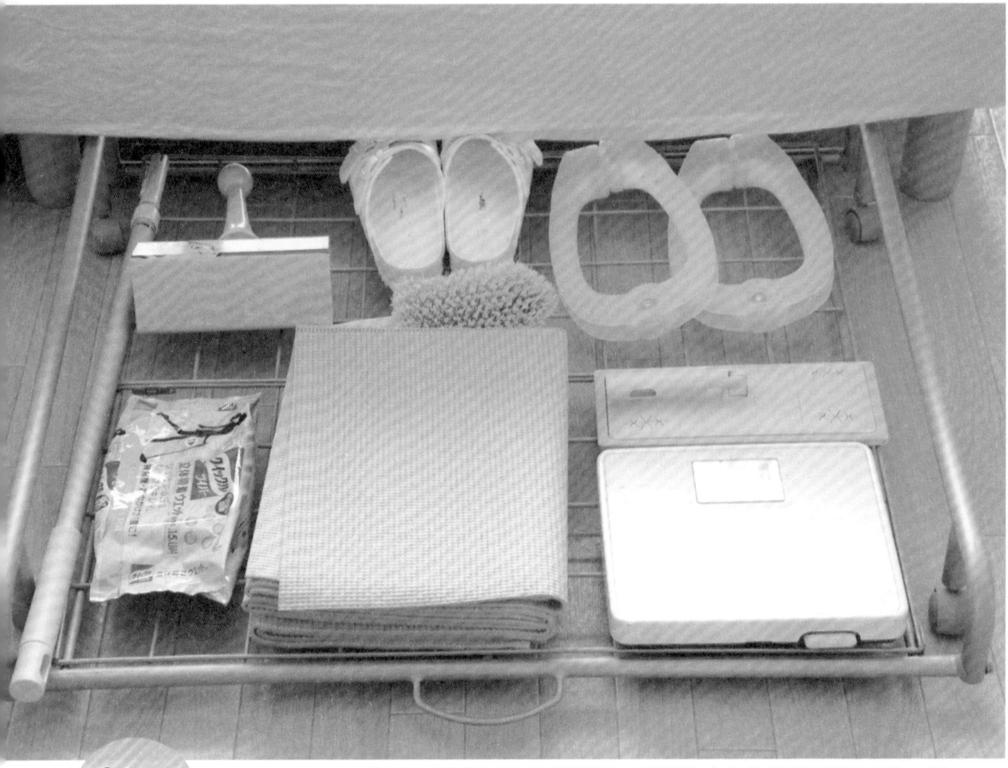

Under the bed

似乎容易積灰塵的床底下，只要藉由收納頻繁使用的話，打掃起來也會變簡單。因為我使用了網目較大的網架，能放的東西類型也有所限制，可以保持清爽的收納。

床底下是超級方便的空間

我的床是朋友搬家時煩惱著要不要丟，而由我接收下來的。那時也一併獲得了能放進床底下收納的附輪網架。

這裡放著主要是客廳和陽臺的打掃用具、客廳會用到的瑜珈墊，以及沒地方可放的體重計。

因為床就放在窗邊，所以也可以從陽臺那側取出。因此，我以動線為優先，在觸手可及的地方也放上了拖鞋及棉被夾。

在換成這張床之前，我幾乎不太打掃床底下，因為並沒有意識到收納這件事。現在則成了重要的收納空間。

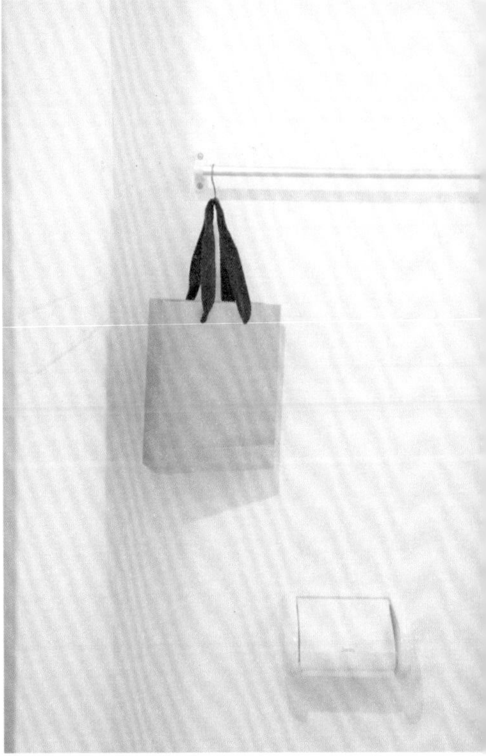

Toilet

掛在毛巾架上的紙袋裝著生理用品。乍看之下並不會知道是什麼。手是在外面洗，所以這裡沒有掛毛巾。

讓零收納空間的廁所看起來清爽

廁所雖然是家裡收納空間最少、最狹小的地方，但也是一天之中會使用好幾次的地方，所以會想常保清潔。

一開始我是用伸縮棚架試圖製造收納空間，但因為離燈很近，有引起失火等疑慮，便停止使用。現在則將拋棄式梳子的備品、除塵紙、用來滴入水箱的芳香劑及生理用品等吊掛起來收納。

捲筒衛生紙則裝入紙袋中放於馬桶後方，如此一來就不會占空間。馬桶刷一樣置於後方，打開門時就不會一眼看見。

藏不住的洗衣機周圍
用白色維持潔淨感

我家的格局是進到玄關後馬上就是洗衣機。因為放了要洗的衣服和洗劑等等，如何不透露出生活感便是重點所在。

洗衣機上有個小架子，放了洗劑和備用品類，但並不是直接雜亂地放上，而是放進兩個並排的無印良品化妝盒中。因為盒子是半透明的，所以可以藏起內容物，又能知道裡面放了什麼。

另外，我也會將洗劑的標籤撕下，或是改裝到簡約的瓶子裡。

左起第二個瓶子是柔軟精。我使用的是 BATHLIER 的「ire-mono」系列。正中間銀色蓋子的是小蘇打和檸檬酸。

洗衣粉用無印良品的化妝盒裝十分方便。不但密閉性高，也因為是半透明的，而能一眼看出剩餘量。

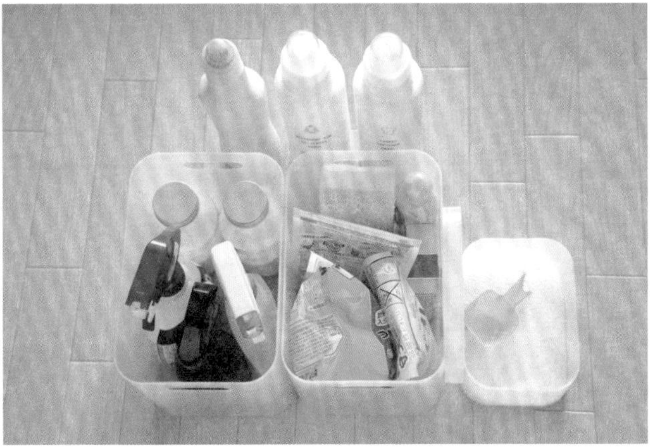

洗衣粉是裝到無印良品的附蓋化妝盒中，柔軟精和精緻衣物專用洗衣精是用BATHLIER的瓶裝系列。

洗衣籃我選擇有蓋的類型。如果有客人來時就將蓋子蓋上，讓髒衣服不會被看見。

洗衣機附近、玄關旁吊著三層籃，最下層是洗衣用網袋，上層和中層則放了手帕和袖珍包面紙。這個點子是從本多さおり小姐的書學來的。

以前出門時常忘了帶手帕，常常要跑回衣櫃前拿。只要在離玄關近的地方也事先準備，就算忘記也可以直接穿著鞋子拿到。

洗衣機四周用白色統一，所以吊籃也是白色。

第 5 章

我的穿搭與
美容嚴選小物

衣櫥大公開

深度70cm，大容量的衣物收納盒。像照片這樣使用「直立式」收納，一個抽屜裡能裝進約二十件衣服。上層是上衣，中層是下著，下層是睡衣及音樂祭用T恤等。換季時就把前面的衣服和後面的衣服交換。

Wardrobe

雖然不到極少的程度，但我的衣服和以前相比已經少了一半左右。開始以極簡生活為目標的時候，也曾因為丟掉太多衣服而感到困擾。歷經各種失敗，才有了現在這樣的衣櫥：容易管理、穿搭也有一定模式，並能享受打扮的樂趣。

朋友和同事都驚訝道：「還以為妳應該會有更多的衣服。」但就算是一樣的上衣，也能夠藉由改變外搭、下著搭配、飾品和小物、鞋子等，而組合成數種穿搭模式。

另外，我的衣服都是嚴選自己喜愛的東西，所以每件都是我的心頭好。能穿很久的話，自然也就會變得更珍惜了。

上衣

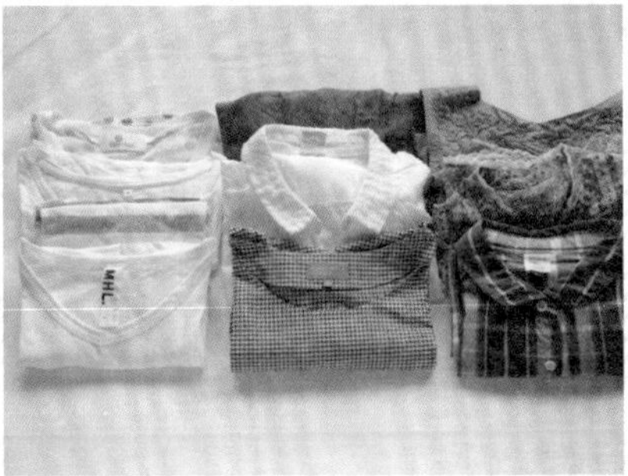

短袖

圓領T恤四件，加上有花樣的上衣五件、純白色的上衣一件。有花樣和素色的數量相同的話，就會很好穿搭。

長袖

藍色兩件、白色系兩件、米色一件、黑色一件。因為我原本就喜歡藍色，和率性的小物或包包也很搭。

開襟羊毛衫

針織外搭有三件。綠色的布料比較薄。有花樣的毛線針織衫比較厚，用於天冷時。灰色的厚度介於兩者間。

冬衣

毛衣兩件，高領兩件，長袖T恤一件。米色底有紅白藍條紋的長袖，不管下半身穿什麼顏色都很好搭。

這樣一看，發現我的上衣多是有領子的設計。有很多是學生時代就在穿，或是已經穿了四五年的東西。

跟流行的衣服通常隔年就不會再穿，所以我都選擇不退流行、能夠一直穿的設計，這是我挑選衣服的重點。

主要的上衣就是短袖或長袖兩種。視季節再加上針織外搭，或是穿厚一點的毛衣。

工作時是穿制服，回家路上換回私服。因為平日和週末都只需要類似穿搭，這樣反而比較輕鬆也說不定。

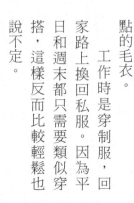

下半身、洋裝

上半身

褲子五件、裙子三件。兩種下著都是黑、白、褐（米）三色。上半身選擇了比較多有顏色和花樣的衣物，下半身則為了好搭配，盡可能選擇素色且設計簡約的。

春秋洋裝

春秋洋裝一件。我很喜歡的大紅色洋裝，七分袖且長度正好及膝。布料具延展性，所以也可以伸縮。

夏季洋裝

有三件。我基本上不喜歡露出肌膚，所以下半身常會多穿一件牛仔褲或白褲子。

褲子和裙子不太會有季節之分，所以一年四季都可以搭配。要穿搭組合時，我通常會以色調做為考量（剪裁和設計也很重要就是了）。

要購入上衣時，我也會先考量是否能和現有的衣服搭配。例如：如果想著是要搭配白褲子而購入的話，自然也會適合和白洋裝搭配，就能夠增加穿搭的模式。

另外，只要準備好經典色系的衣服，大致上都能和其他衣服搭配。

內著、外套

襪子

左起為冬用三雙、活動及露營用兩雙、一年四季可穿的六雙。一年四季可穿的襪子會根據鞋子的設計來搭配。

冬用外套四件

背心最適合有涼意的時候。出去玩或穿得比較輕鬆的時候，我會穿 Patagonia 的抓絨外套或羽絨衣；出去工作或較正式的場合則穿徹斯特大衣，根據場合劃分。

背心

羽絨衣

抓絨外套

徹斯特大衣

襪子我是用布製小物收納掛袋來整理（第73頁）。活動或露營穿的、冬天穿的放正中央。一年四季可穿的放在最下層，分開收納。這樣馬上就能找到想穿的襪子。

內著（貼身衣物和內衣褲）及絲襪則放在衣物收納盒中，再用分隔收納盒各自分開。貼身衣物有夏天穿的四件、冬天穿的發熱衣四件，內褲則是四套。

冬天穿的外套則是抓絨外套、羽絨衣、徹斯特大衣和背心四件。

Favorite clothes

我喜歡能輕鬆穿著的質料。想穿得正式點時，就會搭配白褲子，並用飾品、包包等小物來改變氣氛。

也可以穿得正式的兩件常穿單品

marimekko的紅色洋裝是因為想要稍微正式點的衣服才購入的。光用看的可能有點難懂，但這件是使用延展性素材，穿起來很方便行動，我也會穿去參加音樂祭。

黑色上衣是MARGARET HOWELL的荷葉邊領上衣。這件是我一走進店裡就一眼看上的上衣。較為輕薄，春秋季也可單穿；也可再搭上開襟羊毛衫或外套，將荷葉邊領拉到外面，就能當作裝飾。

不管哪件都能在一般場合輕鬆穿，在正式場合正式穿，兩面兼具。能夠增加穿搭的可能性，正是我所喜愛之處。

與短髮相互輝映的流蘇耳環

Accessories

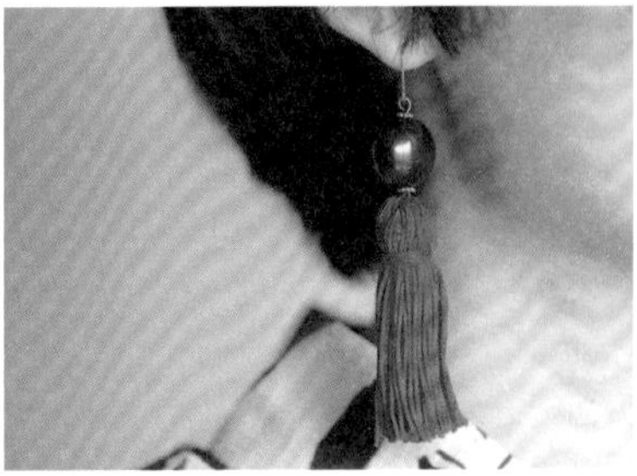

（左）飾品幾乎都是母親和弟弟送我的。其中我最喜歡的是在我20歲生日時，母親當作生日禮物送給我的 Tiffany 珍珠耳環。
（右）「automne」的是回老家時在高知當地的特色商店購入。

我通常不太會在身上配戴飾品，所以手上有的飾品大多都是人家送的。

紅色流蘇耳環是朋友親手製作的。我多用來搭配 marimekko 的洋裝或是浴衣。因為我是短髮，所以能與有存在感的耳環相互輝映，這點我很喜歡。

以前我蒐集了很多手錶，現在只有 G-SHOCK 和一支 MARGARET HOWELL 的複合式手錶。平常沒戴的時候，就會放在玄關的鞋櫃上。

我用無印良品的壓克力盒來收納飾品。由於盒子是全透明的，可以一眼看到內容物。我只擁有放得進盒子裡的數量。

洗臉起泡器。是櫃姐朋友教我的。就連平價的洗面乳也能打出蓬鬆的泡泡。

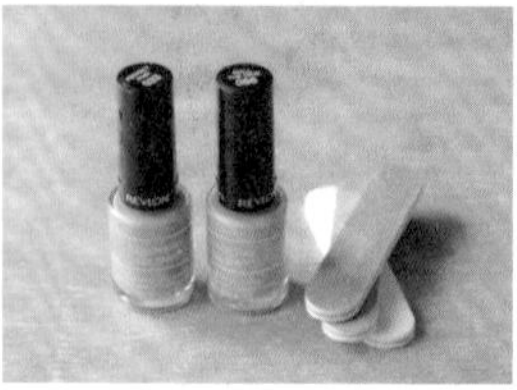

露華濃的指甲油是我的愛用品。跟母親借來用過是契機所在。塗的時候不會不均勻，也很顯色，我很喜歡。為了什麼場合都能擦，我準備的是兩種素雅的顏色。

Skin care

洗臉起泡器的蓬鬆泡泡令人上癮

雖然我對化妝不是很講究，但基本化妝品該用的還是有在用。

按照過去的經驗，如果是我用不慣的顏色，通常都會用不完。底妝、眼線、睫毛膏等用得慣的東西，我也都只各有一個，並收進小化妝包裡。

我沒有特別在護膚，但洗臉時為了能搓出更細緻的泡泡，而會使用洗臉起泡器。美甲也沒有那麼常做，但如果指甲有逆剝時我就會塗上護甲油。

容易增加的化妝品類，也不會增加到超過盒子可收納的程度。

Hair care

BOTANIST的洗髮精愛用中

（左）有清爽型和滋潤型兩種。我是使用清爽型。
（右）想要頭髮有光澤感時，我就會使用上方 bojico 的多用途蠟。因為可用於全身，做完造型後手上多的就拿來當護手霜。想要有躍動感時，就用下方的 ARIMINO 的髮蠟。

我這兩年來一直都是使用BOTANIST的洗髮精和潤髮乳，香氣自然，且能讓頭髮滑順。

因為剪了短髮，比較沒有像以前一樣保養得很仔細；但洗完澡後我還是會抹上Loretta的護髮油後才將頭髮吹乾。

另外，我大概每1個半月到2個月會去美髮店，請他們幫我護髮。

平常打理髮型時，都是先將頭髮梳好後，再根據用途使用照片中的兩種髮蠟。

不管哪種都是能用得完的小尺寸。出門如果裝到小袋子裡帶著走也不礙事。

夏天不可或缺的浴衣

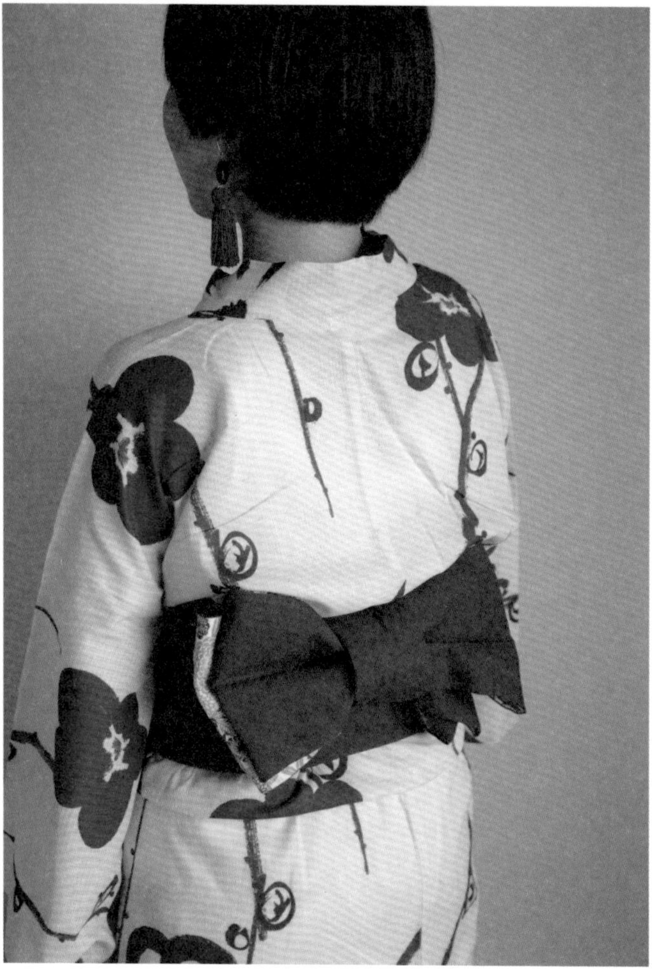

為了能穿得更久，選的是看不膩的花色。腰帶打的是正統的文庫結。

Yukata

高中上課時有學過怎麼穿浴衣，所以自從那時候起我的浴衣都是自己穿的。

現在我擁有一套浴衣，每年會穿它個一兩次，去看煙火大會或參加夏日祭典。透過重要活動感覺「夏天到了呢～～」。

雖然沒有穿衣鏡，但因為十年來我都是自己穿的，所以只要看著小鏡子就能夠穿好。化妝、弄頭髮加上穿好衣服大概一小時內能完成吧！

雖然每年都穿一樣的浴衣，但我會嘗試將腰帶的結用不同方式打，也會改變指甲、飾品等小物，每次享受不同的樂趣。

Leather shoes

皮鞋的保養：要先用馬毛刷刷過，在擦鞋布上沾點乳霜後擦去髒汙處。再用同樣的擦鞋布沾取有滋養和防水功能的皮革滋養乳霜塗布於鞋面，並用防水噴霧將整雙鞋噴過一次，再刷過就完成了。

讓人想穿一輩子的皮製勃肯鞋

「品味始於足下。」穿雙好一點的鞋子是邁向大人的第一步，所以我在去年的春天終於買了一直很想要的BIRKENSTOCK 勃肯倫敦扣帶休閒鞋。

因為是用一整片皮革製作，所以有著圓潤的外型。皮鞋會越穿越自己的合腳。好好保養的話就能穿一輩子，聽到如此說法後，我便抱著如果可以就要一直穿下去的想法買了它。

保養方法只能按照我向店員詢問的方法，出門前和穿完後都要仔細用刷子刷過，塗上鞋蠟保養。

讓鞋子變得亮晶晶是眼睛看得到的作業，結束後也會令人神清氣爽。

Exercise

我每年都會參加一到兩次馬拉松大會。從平日開始就會運動身體，注意維持身形。
（右下）能夠裝進手機的背帶。因為緊密貼合身體，所以就算跑步也不會妨礙運動。

養成運動的習慣

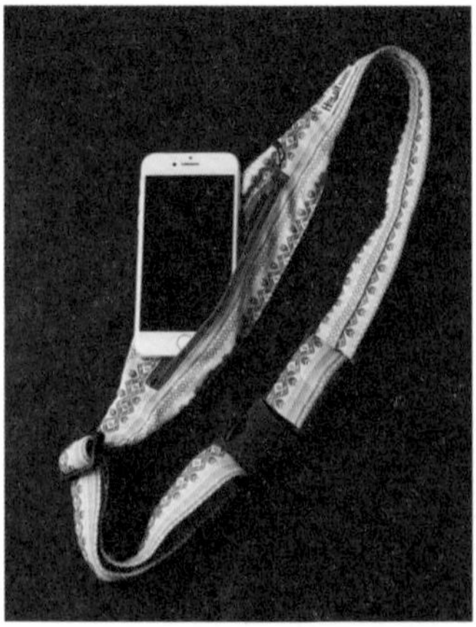

從小我就跟著童子軍進行爬山等戶外運動，中學時則加入網球社，所以我是一個很喜歡運動身體的人。

雖然出社會一度離運動很遠，但以父親邀我一起去參加馬拉松大會為契機，我又會在日常生活中做一些運動了。

春天或秋天等涼爽季節，我會騎自行車通勤（單程約1小時）；平日心情好時，晚上會在家裡附近慢跑個半小時到一小時。

Diet

我原本是易胖體質，所以會定期喝減重湯來進行體重管理。
加入咖哩粉或泡菜鍋高湯粉，就能在味道上做出變化，能夠輕易持續下去。
（左下）減肥湯是將番茄（可用番茄罐）、高麗菜、青椒、芹菜、洋蔥切絲，燉煮成清湯即完成。

效果驚人的減重湯

碰到年末年初、盂蘭盆節等長假，體重不小心增加的時候，我就會喝減重湯。一週內都要遵守決定好的飲食安排。如果只是稍微有點在意體重，那也可以只將晚餐替換成湯。

一週內好好進行飲食管理的話，我的情況大概能瘦個兩到三公斤；只將晚餐換成湯的情況，兩週內也可以瘦下兩到三公斤。

這個減重湯法可以只喝你喜歡的湯。另外，因為時間短，也不會像一般減重負擔那麼重，可以定期實施。

ほうじ茶

第 6 章

「每天一點點」常保整潔的打掃

換成無線吸塵器是正確的選擇

（左頁）大約能持續使用20分鐘。50分鐘就能充飽電。吸頭較小，所以不用移動家具就能打掃家具底下。

以前我很不喜歡用吸塵器。每次要移動時都得換一個插座插，又很重，用沒幾下就快拿不起來，這些都是麻煩之處。

在進行了各種調查後，我購入了makita的充電式無線吸塵器。雖然吸力沒有那麼強，但打掃一個人住的家已經很足夠。因為無線所以很輕，想打掃時馬上就能啟動。發出的聲音也沒那麼大，對於住在集合式住宅的人來說應該很不錯吧。

集塵方式我選擇使用濾紙袋，所以就算不打開看也可以直接拿去丟掉。雖然會多一筆購買濾紙袋的費用，但每天使用也只要一個月換一次就行。不用清理吸塵器本身，很適合怕麻煩的我。

考量到家電也是室內擺設的一部分，簡約的設計也是我決定購入的原因之一。可以輕鬆使用吸塵器之後，我也養成了每天早上去上班前先打掃的習慣。

Vacuum cleaner

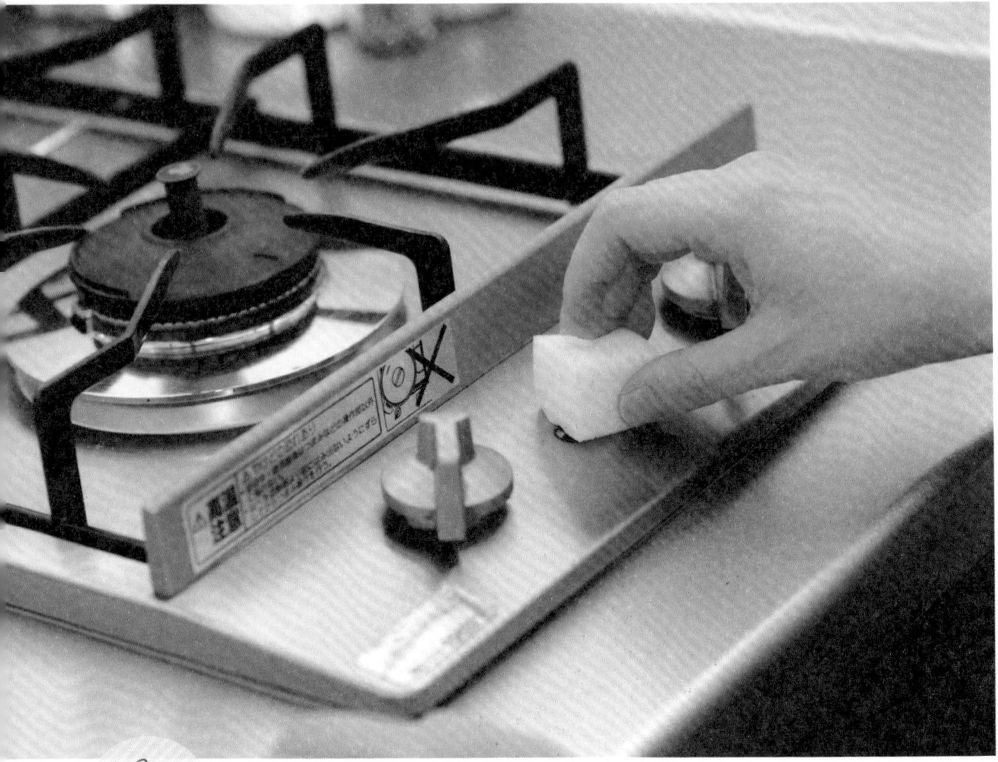

Kitchen cleaning

科技海綿在廚房大顯身手

因為每天都會使用廚房，就算特別注意也還是會不小心就弄髒。

不鏽鋼瓦斯爐如果有油汙會很明顯。為了在發現時能馬上清潔乾淨，我把科技海綿掛在水槽旁的牆上備用。

我每兩三天會把瓦斯爐架拿起來一次，快速地簡單打掃一下。

廚房的牆壁、冰箱或微波爐也一樣，每當在意髒汙時，我就會用酒精擦拭打掃。

大掃除門檻比較高，如果是能馬上結束的簡單打掃，就會比較想去做。常保清潔狀態，就會在意細小髒汙，也就會時常去打掃。

日常掃除

容易濺上油的牆壁可用酒精噴霧擦拭打掃。使用酒精的話，之後比較不會沾上髒汙，牆壁也會變得有光澤，令人有很大的成就感。

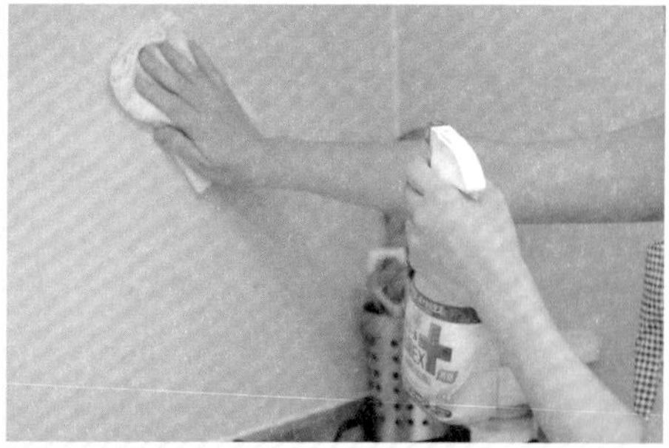

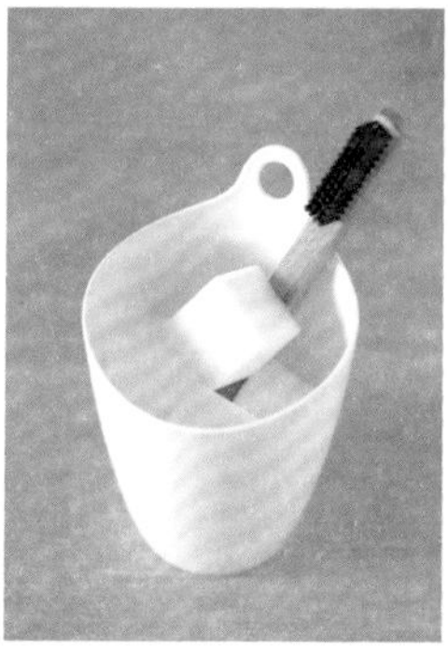

只用抹布擦不掉的水垢等也可以使用科技海綿。刷過之後，不鏽鋼水槽就會變得亮晶晶。

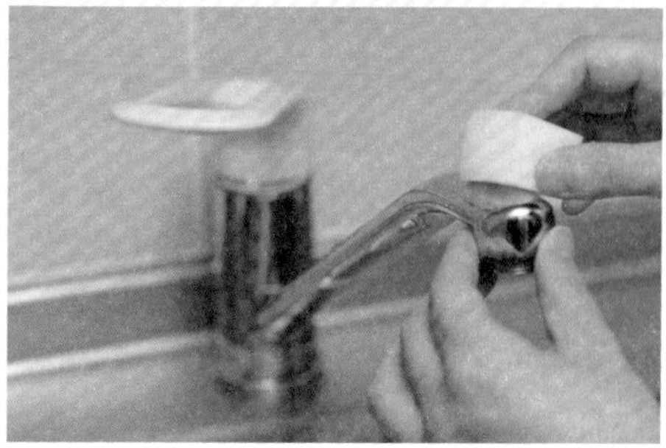

每月一次的掃除

（上）打掃前
（下）把東西全部拿開打掃

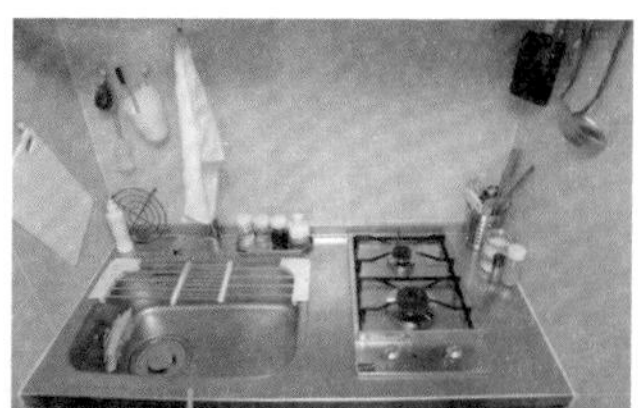

- 將抽風機、牆壁擦拭乾淨
- 將放進餐具盒裡的東西和吊掛起來的烹調器具洗乾淨
- 將調味料罐擦拭乾淨、補充內容物
- 用漂潔液清洗瀝乾架
- 將水槽下的餐具架擦乾淨
- 其他可以拿開的東西都拿開，將廚房擦拭乾淨

雖然好像很辛苦，但一個月只要打掃一次就不會累積髒汙，所以能很快打掃完。也不再需要大掃除了。

	日常掃除	週末	定期掃除
廚房	用酒精整個擦過	用科技海綿整個擦過	每個月清理一次抽風機
客廳	每天早上用吸塵器打掃	用除塵紙拖把拖地	每個月清理一次空調濾網
廁所	用拋棄式刷子清潔馬桶	用除塵紙拖把拖地	
浴室	每週用「排水管清潔液」打掃排水管一兩次	·用科技海綿清潔細小髒汙 ·使用去黴劑清潔明顯的水垢	每個月擦一次天花板
洗滌	每兩三天洗一次衣服	清洗被套枕套類	一年用小蘇打清洗衣兩次洗衣機
玄關		·用桌上型掃帚打掃 ·用抹布擦拭窗戶溝槽和門	

Weekend

每個週末花一小時打掃家裡

每週六日的其中一天，我都會空出週末的打掃時間。

如果天氣好的話就清洗被套、枕套類；擦洗陽臺的擋板和窗框、刷地板；用除臭芳香劑噴一下被子、枕頭後拿到外面曬；用除塵撢打掃電視櫃和吊燈燈罩．空調上方的灰塵；用吸塵器把家裡吸過一遍，再用除塵紙拖把拖地；將玄關擦乾淨；打掃廁所．浴室．廚房等……。

因為每個禮拜都會打掃，所以不用花太多力氣也沒關係。如果變成例行事務的話，只要一小時到一個半小時就能一口氣結束。

週末做一些平常無法做的家事

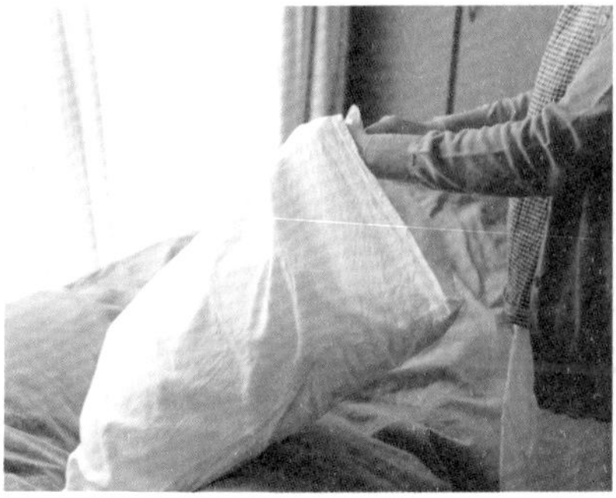

被套枕套類

週末天氣好的日子，就把枕頭套、被套類拿去洗。

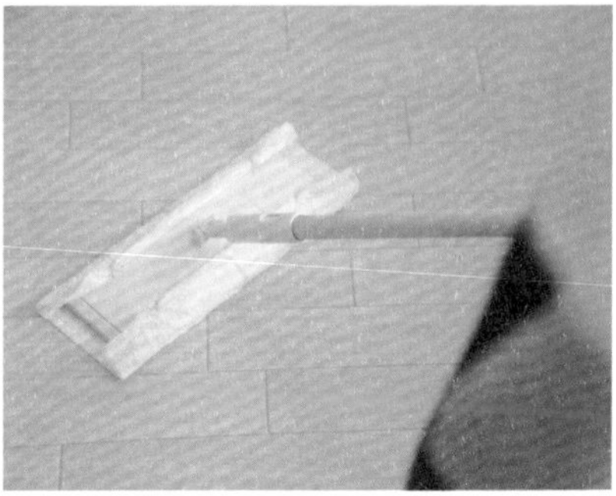

拖地

用除塵紙拖把就很輕鬆。

擦洗餐具架

將餐具全都拿下來，擦洗乾淨。最後擦乾。

擦洗冰箱

把裡面的東西拿出來，用酒精噴霧擦過。

陽臺

裝一桶水灑一點在地上，用刷子刷過即可。

玄關

不只打掃室內，也要打掃室外。

Entrance

別忘了擦洗玄關外側

和室內不一樣，外側容易積灰塵。下雨過後如果趕快擦過，就不會留下水垢。

玄關是每天進出必經之地，也是客人到訪時對家裡的第一印象。這是我最想保持整潔的地方。包含在週末掃除裡，我每個禮拜會打掃一次。

我會將玄關門和外側的窗戶、對講機上方擦乾淨。脫鞋處如果有垃圾或沙子，就用桌上型掃帚掃起來後，再用抹布擦過。

我將桌上型掃帚用磁鐵掛勾吊在門的內側。這個點子是來自本多さおり小姐。

不僅限於打掃玄關，如果將打掃用具事先放在馬上就拿得到、用得到的地方，也能夠提高打掃的動機，這是我的實際感受。

（上）無印良品的桌上型掃帚。雖然小，但能確實掃起灰塵。
（下）抹布掛在靠近玄關的洗衣機上。用吸盤式毛巾架和橡膠手套一起掛起來。

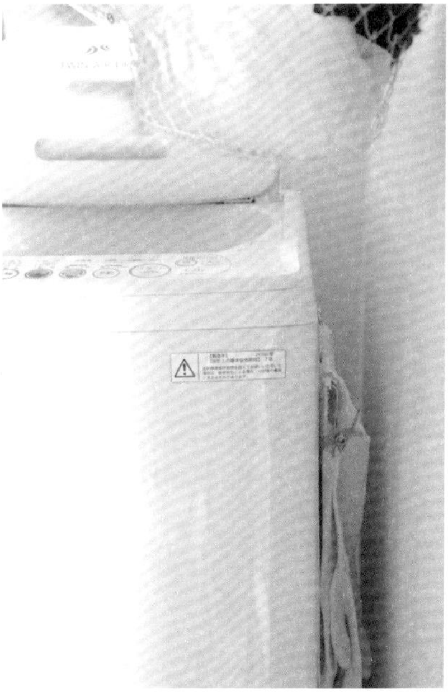

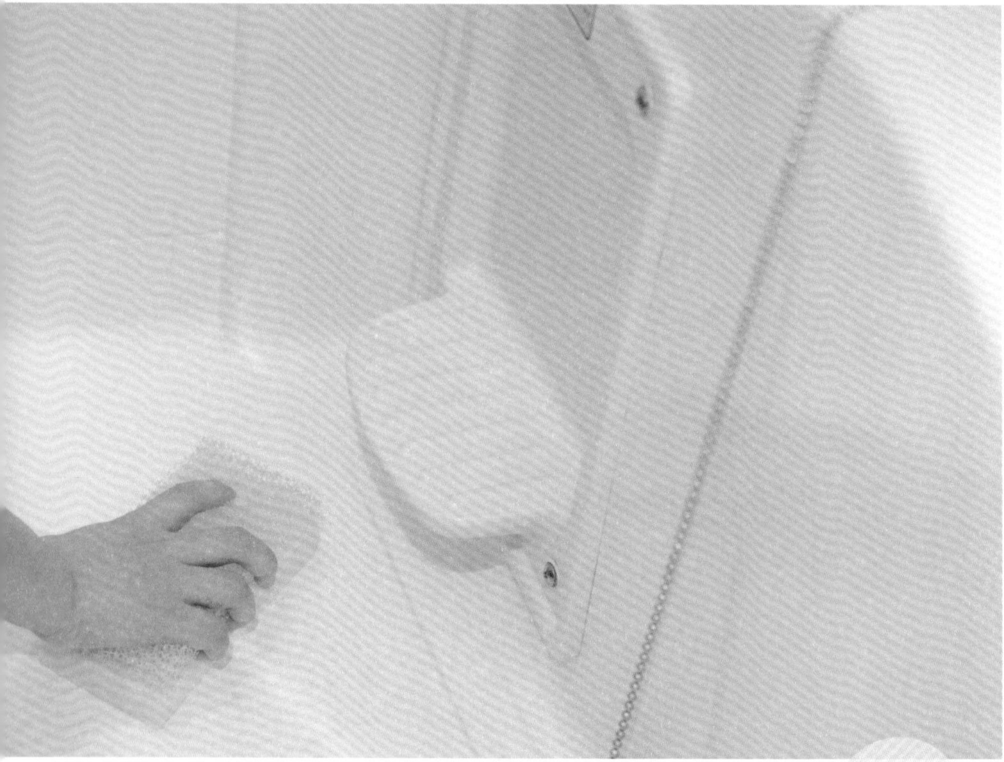

我洗澡時會順便打掃。海綿用完後確實晾乾，再收到洗衣機上的盒子裡。

Bathroom

在浴室的鏡子上噴上檸檬酸

平常打掃浴室時，我都是用浴室清潔劑加海綿打掃在意的髒汙。沾在牆壁上的睫毛膏等細小髒汙或洗手臺，則是用科技海綿刷洗。也會清潔裝牙刷的杯子、洗髮精罐底下的汙垢。

如果鏡子上的水垢太明顯，則會噴上檸檬酸水清潔。

我之前從電視上得知：看不到的黴菌會在天花板上滋生，並且往下掉。從那之後，我每個月都會用泡了去黴劑的拖把定期擦洗一次天花板。

有明顯水垢時就用去黴劑清潔。淺的溝槽中容易累積水垢。

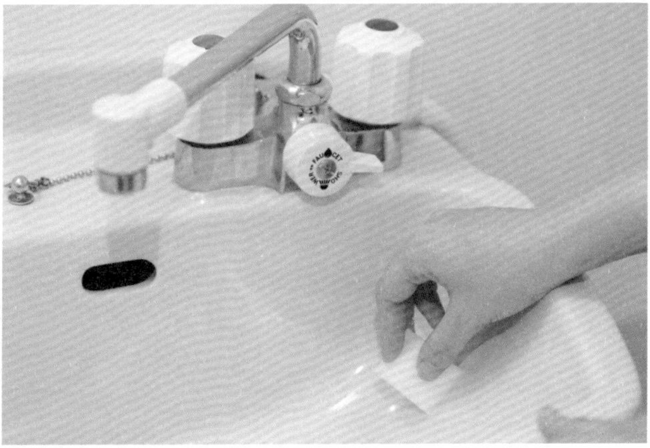

洗手臺是每天刷牙洗臉，一天要用個好幾次的地方。所以我會時常打掃來保持乾淨。

清潔鏡子

將檸檬酸溶於水後，把鏡子整面噴過。

覆蓋上保鮮膜，靜置一小時。擦乾淨後就會恢復光亮。

用可拋棄式馬桶刷讓打掃廁所更輕鬆

Toilet

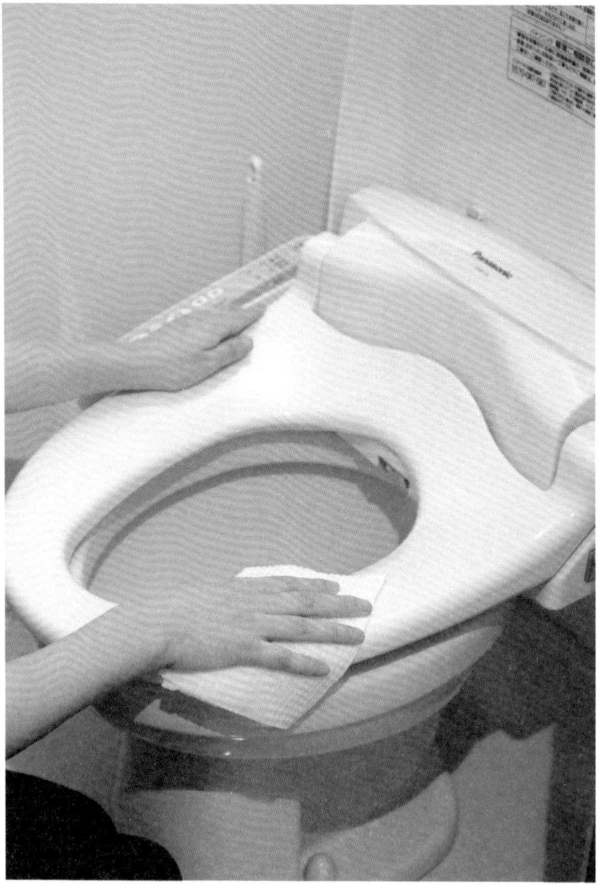

我沒有用馬桶坐墊套，所以馬上就能動手打掃。水箱也在伸手可及的範圍內，只要打開蓋子就能用濕紙巾清潔。

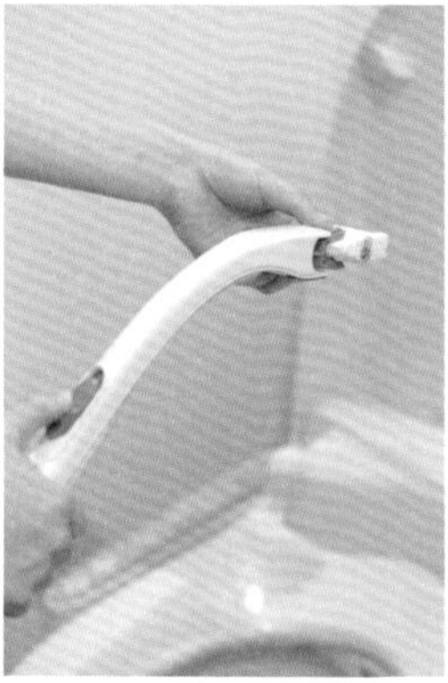

「可拋棄式馬桶刷」（Johnson）藥妝店也有販售。

雖然廁所三兩下就能打掃完，但我每週會因為在意汙垢而打掃個兩三次。

用客廳的除塵紙拖把拖過地板後，順便再用除塵紙擦過。馬桶內側使用拋棄式刷子刷洗。最後在水槽滴幾滴薄荷芳香劑之後就完成。

以前打掃完廁所之後還要清理刷子，非常討厭。如果是使用拋棄式刷頭，只要用過之後直接換掉，沖進馬桶就可以了。

正因為少了自己討厭的作業程序，才有辦法時常打掃。

Balcony

刷子的柄和除塵紙拖把是共用的。晴天一下子就乾了，也能將陽臺的砂塵打掃乾淨。

在陽臺灑點水，用刷子刷洗

我每個月會打掃一到兩次陽臺。只要灑點水，再用刷子刷過就好了，非常簡單；不過卻能讓人走出陽臺的時候感覺更舒服，都是拜打掃之賜。

我很喜歡無印良品的鐵皮水桶，從還在缺貨時就看中想買。因為尺寸夠大，除了用來打掃陽臺之外，也會用來洗鞋子或用來浸泡松蘿。

刷子確實晾乾後會收到床底下，水桶則放在衣櫃裡好拿出來的地方。

和烹調工具相同，我也藉由擁有自己喜歡的打掃工具，來提升打掃的意願。

Washing

擁有好工具能讓洗衣服變成快樂時光

洗衣服也是我很喜歡做的家事之一，兩天就會用一次洗衣機。洗衣籃裡的髒衣服通通消失、曬衣桿上掛得整整齊齊的衣服……。看到這些不但令人覺得清爽，也很有成就感。

不讓髒衣服堆積如山的方法，就是讓貼身衣物跟內衣褲只有四天份，製造出如果第三天不洗衣服，第四天就會沒衣服穿的狀況。

洗衣籃也是選擇我喜歡的類型。曬衣架是看起來很有風格的不鏽鋼製類型。為了在晾起來時看起來更整潔，衣架和晾衣夾則統一成白色。

最近買的 Panasonic 蒸氣熨斗我也很喜歡。尺寸小巧、可以直接燙掛在衣架上的衣服是它最

大的優點。

我一直都是在前一天就準備好要穿的衣服。在準備時會先用熨斗燙好，早上就不會慌慌張張。因為不需要燙衣板，所以收納空間少的一個人生活中也很適合擁有。

不鏽鋼製曬衣架很堅固，看起來又很美觀，我很喜歡。

髒衣服裝進 KitchenKitchen 的洗衣籃裡。是不會太顯眼的天然色系。

鞋子是在陽臺洗。將洗潔粉融化於水桶中，用刷子刷洗即可。晾鞋架是在百圓商店購入。鞋子不容易變形，也比單純擺著更快乾。

第 7 章

讓日常生活中處處有驚喜

Cycling

我的公路車是普利司通的 ANCHOR，適合個子嬌小的女性騎的一款公路車。為了防止弄髒和被偷，所以放在家裡面。因為很輕，所以個子小的我也能輕鬆將它帶到外面。

假日早晨騎腳踏車到街上晃晃

假日時我都在大約早上七點起床，一天就從洗被套枕套類開始。

結束週末掃除之後，就會到咖啡廳或星巴克吃早餐，或是騎公路車出去買麵包當早餐。

一早人車都比較少，比較好騎腳踏車，有時也能發現一些搭車時會漏掉的好店。我現在常去的麵包店，也是騎公路車閒晃時發現的。

如果起得早，不但能夠做家事，也能夠好好擁有自己的時間，度過有意義的假日。

我喜歡的「拌飯速食包」系列。「即食飯包」系列則是加入熱水就可食用的袋裝食品。有各種口味可供享用。

Chill out

不想做家事的日子就決定偷懶

基本上我是喜歡做家事的，但也不是每天都能盡善盡美。如果工作太忙，或是週遭一團亂的話，我也會提不起勁做事情。此時我就不會勉強自己去做家事。

吃飯的話，就用平日存放的無印良品「配飯餐點」[1]系列或即食咖哩來解決。打掃或其他家事，就先買好可以在做完後犒賞自己的甜點，提升做事的動機。

如果這樣還是提不起勁的話，就什麼都不做地度過一天。一天不做家事也不會對日常生活造成妨礙的。徹底地懶散過一天，隔天就會為了「連昨天的份也補回來」而拿出幹勁了。

1 日文原名為「ごはんにかける」。

Money

理財與自我投資

如果是用記事本記帳的話，因為出門時很難拿出來，也很容易漏記在自動販賣機或是 Kiosk[2] 買小東西等細微的費用。在這點上，手機因為很方便，能夠避免忘記記帳。

2　日本 JR 集團所屬的各鐵路客運公司在車站裡開設的連鎖便利商店。

因為能把東西管理好，也就不會亂花錢、不會衝動購物。平常盡可能自己煮飯……等等，在以極簡生活為目標後，平常的生活也開始變得很節省。

理財我是靠手機裡的記帳軟體來進行。可以管理支出入，項目也分得很細，在哪裡花了多少都一目瞭然。項目也可以配合自己的生活來設定。

直接用軟體掃描收據也能記錄進去。

在這之前我都是用記事本來記，有時會忘了要記，或是無法確定到底花了多少。用軟體可以輕鬆記錄，也可以透過圖表或表格來表示，非常清楚好懂。

開始使用記帳軟體到現在已經過了一年，並沒有三分鐘熱度

（右）我最近開始學英語了。參考學生時代教科書的同時，也購買了函授教材。每月費用大約5,000日圓。
（左）稍微狠下心買的香水，感覺能讓人成長為很棒的成年女性。

就結束。

旅行和音樂祭等，我都會先提早做好決定、默默存錢，所以去玩的時候就能無後顧之憂地使用。

此外，牙齒矯正、除毛，最近正在學的英語等自我投資，也能在不致於勉強的範圍內做到。

雖然稱不上是什麼節約術，但我將銀行帳戶分為兩個，一個是平日金錢出入用，另一個則是儲蓄用，分開管理。

將生活費、想開心出去玩的錢控制在支出入專用帳戶的範圍內，管理就更簡單，也更能夠節省。

Travel

旅行是對自己的犒賞

我一年會去旅行個兩到三次，通常是以沒去過的地方為主，來決定行程。我喜歡名城和大自然。

觀光當然是一定要，但住的旅館和飯店也是樂趣之一。如果是三天兩夜，第一間我會為了控制預算住商務旅館。第二天就去料理美味、溫泉有名的旅館……通常都是這樣規劃的。

除了觀光以外，我也會找些為自己而做的事。例如：尋找餐具，或是因為喜歡和菓子，就去找一些當地才吃得到的老店……。

旅行是對自己的犒賞。好好玩樂享受後，不管是做工作或是做家事都能更努力、更有活力。

露營、音樂祭……享受戶外樂趣

我的父母都很喜歡戶外活動，父親曾經擔任過童軍的領隊。我自己也參加了童軍，所以對於露營、健行等戶外活動都十分熟悉。老家有著全家用的帳篷和睡袋，一整套裝備齊全。

即使現在一個人生活，我也時常和朋友一起參加露營活動。

雖然我也很想要有一整套露營裝備，但礙於收納空間不足，都是向朋友借用（時常參加露營的成員都會帶，所以只要有睡袋就不會感到困擾）。

時常讓自己身置不同的環境中，享受料理和音樂、轉換心情，就能夠讓整個人煥然一新。

Preparation

童軍流旅行用品準備法‧行李的內容物

旅行的座右銘是：「一身輕，好移動。」

我也常在Instagram上介紹旅行時的行囊，大家總是會因為輕巧程度而驚訝。每次準備行李時，行李都很少，這應該是我活用童軍經驗的緣故。

在野外活動中時常要露營，如果行李很多，搬運就會很辛苦，幾件衣服輪著穿、盡可能背小一點的包包等，都是為了追求將行李中的東西降到所需要的最小限度。

假設是三天兩夜的旅行，第一天穿洋裝加褲子，第二天穿上衣和第一天穿過的褲子，第三天再穿第一天穿過的洋裝加褲襪，就這樣輪著穿。貼身衣物和內衣褲放入夾鏈袋中，盡可能擠出空氣、壓縮整理。

旅行時我會以手巾代替手帕帶著。打開來可以當作運動毛巾使用，摺小一點可以當作手帕使用。就算弄濕也馬上就乾了，十分方便。其他旅行時要帶的工具都已經大致決定好了。

回家的時候因為是長途旅程，必須轉車，所以會先用宅急便寄行李回家。

（左頁）基本上是背包、平常用的肩背包或帆布包一個。雖然出國時朋友或老家都會借給我行李箱，但平常不太派得上用場，所以我自己沒有。

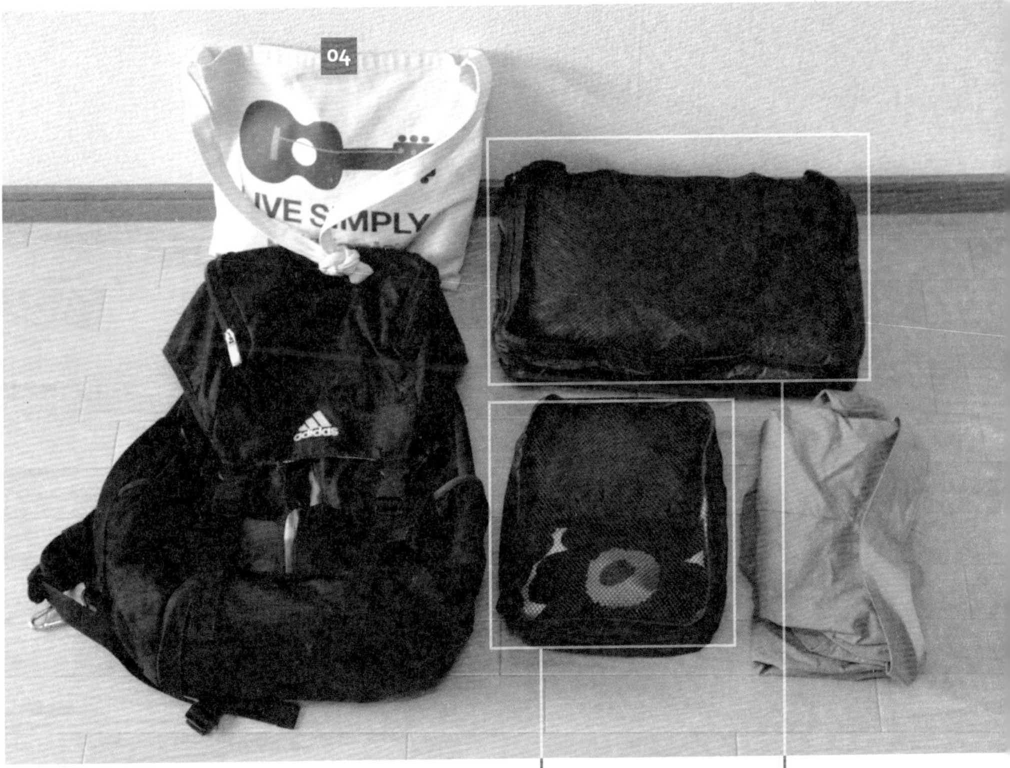

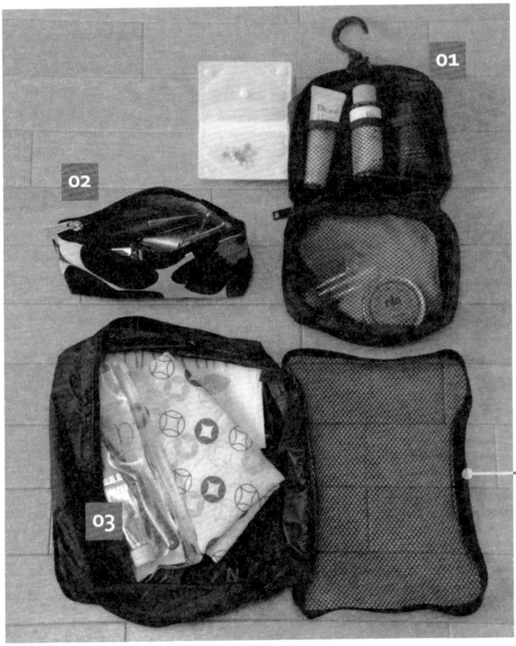

行李的內容物

01 旅行用的小罐卸裝水、洗面乳、all-in-one 美容霜（代替化妝水和乳液）、洗臉網、髮蠟、裝飾品盒
02 化妝包
03 牙刷組，手拭巾（棉質毛巾）
04 攜帶的充電器、行動裝置電池、錢包、智慧型手機
05 衣服、貼身衣物與內衣褲、外搭、睡衣、手拭巾

受到 Instagram 的鼓勵

Com-munivation

在社交平臺上將自己的生活部分公開，供不特定多數的人瀏覽是有風險存在的。但這個姑且不談，藉由讓視野跨出一步，就能獲得重新改善自己和自己的家的機會，是非常難得的經驗。

一開始只是想留下一些斷捨離的紀錄，才開始使用 Instagram。

現在有越來越多人瀏覽、有所共鳴，或是提供意見。如今這對我的生活而言，已經成了不可或缺的工具。

並不是為了記錄家裡的變化，或是上傳打掃記錄照才發文，能客觀檢視自己的家和生活才是契機。

藉由將照片發到 **Instagram**，不管是維持家中整潔，或是自己下工夫煮飯，都是令人想持續「精緻生活」的原動力。

結語

父親曾擔任過領隊，所以我從國小二年級就加入了童子軍團。小時候根本什麼都不知道就參加了服務或野外活動，但現在想想才發現：這些活動全都是有其意義的，並不是浪費時間的經驗。

露營時搭帳篷用的營釘壞了，就用尺寸合適的石頭取代。帳篷用的繩子不夠，就用自己帶的繩子接上補上。野炊飯盒時，就算沒有量杯，也能用自己的手指頭和手來調整水量。為了讓行李盡可能地輕，就要弄清楚哪些才是必要的，將行李減量……。打包的方法也是小學時就學過的。在比起一般生活更不方便的戶外，我學到了只要下點工夫，就能舒適地度過的方法。

此外，還有建立時程表的方法、實踐的方法……。在不知不覺中，我的生活似乎受到童軍時期培訓很大的影響。

摸索屬於自己的精緻生活，已經兩年多。一直都過著平凡OL生活的我，終於能夠把想感謝的事，都藉由 Instagram 和書籍的

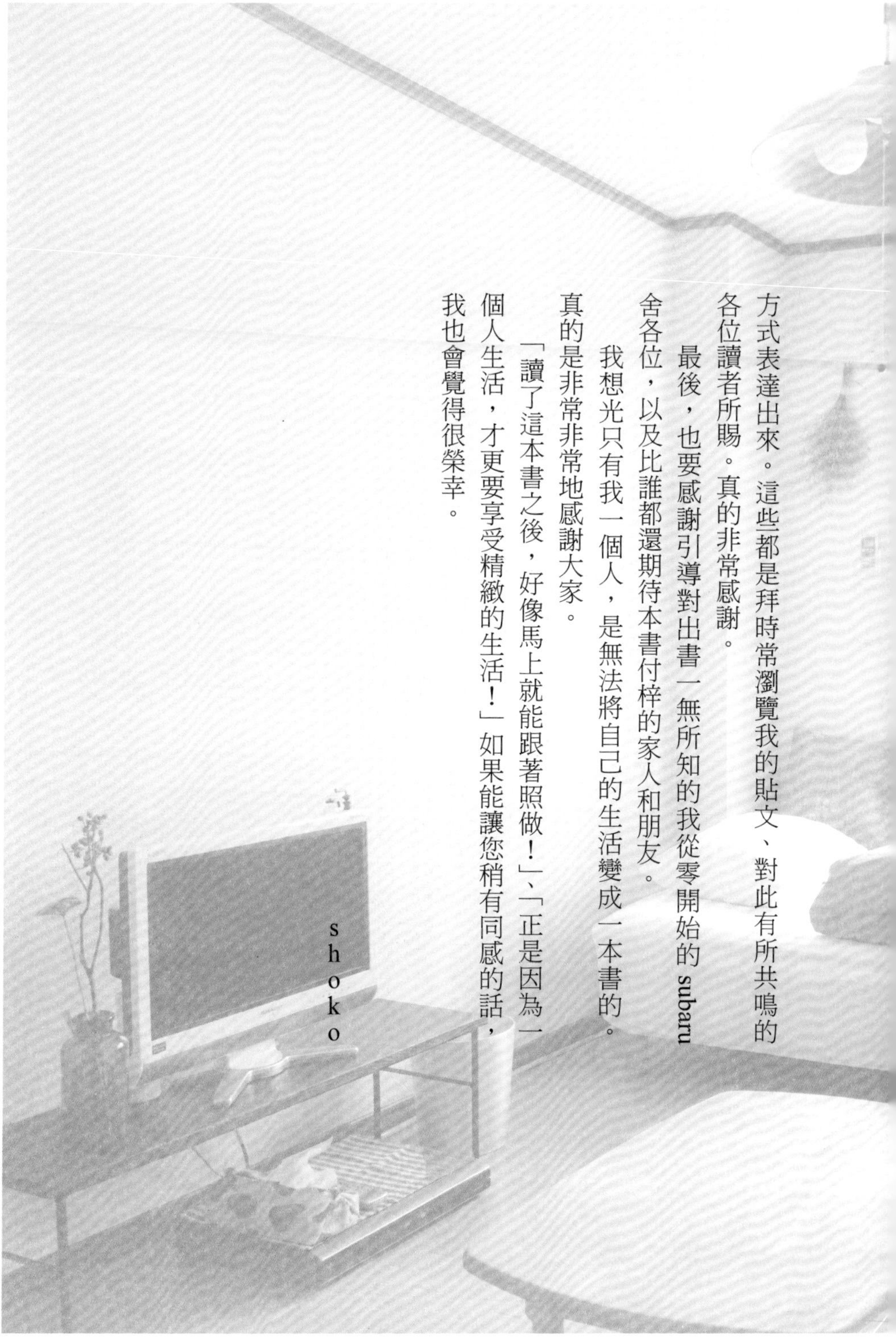

方式表達出來。這些都是拜時常瀏覽我的貼文、對此有所共鳴的各位讀者所賜。真的非常感謝。

最後，也要感謝引導對出書一無所知的我從零開始的subaru舍各位，以及比誰都還期待本書付梓的家人和朋友。

我想光只有我一個人，是無法將自己的生活變成一本書的。真的是非常非常地感謝大家。

「讀了這本書之後，好像馬上就能跟著照做！」、「正是因為一個人生活，才更要享受精緻的生活！」如果能讓您稍有同感的話，我也會覺得很榮幸。

shoko

打造一個人
的舒適生活！

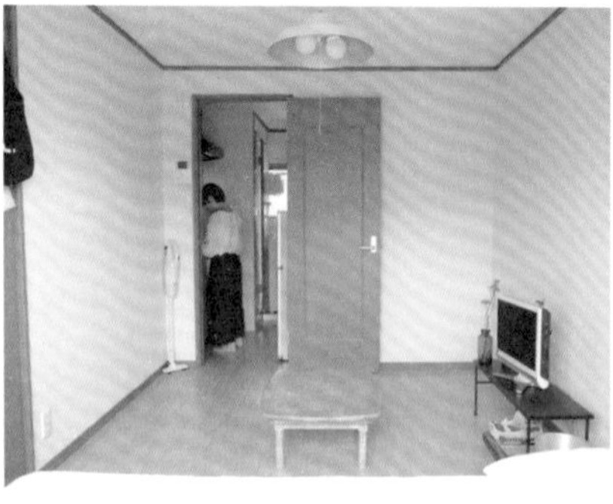